プリント形式のリアル過去問で本番の臨場感！

愛知県公立高等学校

2025年春 受験用

解答集

本書は，実物をなるべくそのままに，プリント形式で年度ごとに収録しています。
問題用紙を教科別に分けて使うことができるので，本番さながらの演習ができます。

■ 収録内容

・解答集（この冊子です）

　　書籍ID番号，この問題集の使い方，最新年度実物データ，教科別入試データ解析，
　　解答例と解説，ご使用にあたってのお願い・ご注意，お問い合わせ

・2024（令和6）年度 ～ 2022（令和4）年度　学力検査問題

・リスニング問題音声《オンラインで聴く》　詳しくは次のページをご覧ください。

資料の非掲載につきまして

　著作権上の都合により，本書に収録している過去入試問題の資料の一部を掲載しておりません。ご不便をおかけし，誠に申し訳ございません。

○は収録あり	年度	'24	'23	'22			
■ 問題（一般選抜）※1		○	○	○			
■ 解答用紙（マークシート形式）※2		○	○	○			
■ 配点		○	○	○			
■ 英語リスニング音声・原稿		○	○	○			

全教科に解説
があります

※1…2023年度より入試制度変更（Aグループ・Bグループ双方へ出願
する場合でも学力検査は1回）
※2…2023年度よりマークシートを導入
注）問題文等非掲載:2023年度社会の3

JN046789

教英出版

■ 書籍ID番号

リスニング問題の音声は，教英出版ウェブサイトの「ご購入者様のページ」画面で，書籍ID番号を入力してご利用ください。

入試に役立つダウンロード付録や学校情報なども随時更新して掲載しています。

 書籍ID番号 **174321**

（有効期限：2025年9月30日まで）

【入試に役立つダウンロード付録】
「ラストチェックテスト(標準／ハイレベル)」
「高校合格への道」

【リスニング問題音声】
オンラインで問題の音声を聴くことができます。
有効期限までは無料で何度でも聴くことができます。

■ この問題集の使い方

年度ごとにプリント形式で収録しています。針を外して教科ごとに分けて使用します。①片側，②中央のどちらかでとじてありますので，下図を参考に，問題用紙と解答用紙に分けて準備をしましょう（解答用紙がない場合もあります）。

針を外すときは，けがをしないように十分注意してください。また，針を外すと紛失しやすくなりますので気をつけましょう。

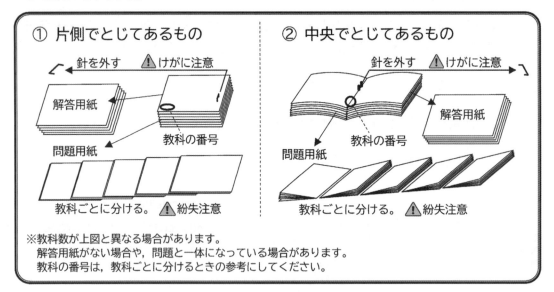

■ 最新年度 実物データ

実物をなるべくそのままに編集していますが，収録の都合上，実際の試験問題とは異なる場合があります。実物のサイズ，様式は右表で確認してください。

問題用紙	Ａ４冊子(二つ折り)
解答用紙	Ａ４マークシート(英は２枚)

分野別データ			2024	2023	2022 A	2022 B
大問の種類	長文	論説文・説明文・評論	○	○	○	●
		小説・物語	○	○	○	
		随筆・紀行文				
	古文・漢文		○	○	○	●
	詩・短歌・俳句					
	その他の文章					
	条件・課題作文					
	聞き取り					
漢字・語句	漢字の読み書き		○	○	○	●
	熟語・熟語の構成					
	部首・筆順・画数・書体					
	四字熟語・慣用句・ことわざ		○	○	○	
	類義語・対義語					
文法	品詞・用法・活用					
	文節相互の関係・文の組み立て					
	敬語・言葉づかい					
文章の読解	長文	語句の意味・補充	○	○	○	●
		接続語の用法・補充		○	○	●
		表現技法・表現の特徴	○	○		
		段落・文の相互関係	○			
		文章内容の理解	○	○	○	●
		人物の心情の理解	○	○	○	
	古文・漢文	歴史的仮名遣い				●
		文法・語句の意味・知識				●
		動作主		○	○	
		文章内容の理解	○	○	○	●
	詩・短歌・俳句					
	その他の文章					

形式データ	2024	2023	2022 A	2022 B
漢字の読み書き			2	2
記号選択	20	20	16	16
抜き出し				
記述			1	2
作文・短文				
その他				

2025 年度入試に向けて

大問の構成は例年，長文問題2題，漢字や語句の問題，古典の計4題である。長文は比較的文章量が多いので，ある程度の速さで読んでいくことが必要。問題はマーク式なので，選択肢の内容が本文に書かれているかどうか，本文とよく照らし合わせながら解いていこう。古典では，漢文の書き下し文が出題されることがある。練習して慣れておこう。

分類		2024	2023	2022 A	2022 B	問題構成	2024	2023	2022
式と計算	数と計算	○	○	○	●	小問	1(1)～(5)計算問題 (6)不等式 (8)平方根	1(1)～(5)計算問題 (8)文字式	A1(1)～(5)計算問題 A2文字式 B1(1)～(5)計算問題 (6)不等式 (8)最小公倍数
	文字式	○	○	○	●				
	平方根	○	○	○	●				
	因数分解				●				
	1次方程式								
	連立方程式								
	2次方程式	○	○	○	●				
統計	データの活用	○	○	○	●	小問	1(9)ヒストグラム,箱ひげ図	2(1)箱ひげ図	A1(7)平均値, 中央値 B2(1)度数分布表
	確率	○	○		●	小問	2(1)6枚のカード	1(7)4枚のカード	B1(7)9個の玉
関数	比例・反比例	○	○	○		小問	1(7)反比例 2(2)座標平面上の三角形 (3)文章問題(道のり・速さ・時間)	1(6)1次関数 (9)変化の割合 2(3)文章問題(動点と線分の長さ)	A1(6)反比例 (8)直線の式 A2(1)座標平面上の図形 (3)道のり・速さ・時間の文章問題 B1(9)直線上の点 B2(2)座標平面上の図形 (3)文章問題
	1次関数	○	○	○	●				
	2乗に比例する関数	○	○	○	●				
	いろいろな関数								
	グラフの作成	○		○	●				
	座標平面上の図形	○		○	●				
	動点, 重なる図形		○						
図形	平面図形の性質	○	○	○	●	小問	1(10)平行四辺形と線分の長さ	1(10)空間内の平面について 2(2)証明の穴うめ	A1(9)円柱の高さ (10)相似な三角形 B1(10)立体の体積
	空間図形の性質	○	○	○	●				
	回転体	○							
	立体の切断								
	円周角	○	○	○	●	大問	3(1)二等辺三角形と角度 (2)正方形と三角形 (3)半円と三角形,回転体	3(1)円と角度 (2)長方形と三角形 (3)四角柱	A3 (1)円と三角形, 角度 (2)長方形と三角形 (3)正四角すい B3 (1)長方形と正五角形 (2)立方体と四角すい (3)円と三角形
	相似と比	○	○	○	●				
	三平方の定理	○	○	○	●				
	作図								
	証明		○						

2025 年度入試に向けて

ここ数年，問題の形式や出題分野に大きな変化はない。大問2に含まれる関数の問題や，大問3の(2)と(3)の最後の問題は難問であることが多い。その他の問題は正答率が高いことが予想されるので，ここで点数を落とさないように類題で練習しておこう。

愛知県 公立高校入試データ解析 社会

分野別データ		2024	2023	2022 A	2022 B	形式データ		2024	2023	2022 A	2022 B
地理	世界のすがた	○	○	○	●	記号選択	資料読み取り	6	6	4	**4**
	世界の諸地域（アジア・ヨーロッパ・アフリカ）		○	○			知識	4	4	2	**1**
	世界の諸地域（南北アメリカ・オセアニア）	○	○	○	●		計算				
	日本のすがた	○	○	○	●	語句記述					**2**
	日本の諸地域（九州・中国・四国・近畿）	○	○	○		文章記述					
	日本の諸地域（中部・関東・東北・北海道）				●	計算					
	身近な地域の調査		○			作図					
歴史	原始・古代の日本	○	○	○		記号選択	資料読み取り	1	1	1	
	中世の日本	○	○		●		知識	8	11	4	**4**
	近世の日本	○	○		●		並べ替え			1	**2**
	近代の日本	○	○	○	●	語句記述					
	現代の日本		○		●	文章記述				1	**1**
	世界史	○	○	○	●	並べ替え					
公民	わたしたちと現代社会		○	○	●	記号選択	資料読み取り	3	2	3	**2**
	基本的人権	○	○	○			知識	5	6	4	**3**
	日本国憲法	○	○			語句記述					**2**
	民主政治	○	○		●	文章記述					
	経済	○	○		●						
	国際社会・国際問題			○	●						

2025 年度入試に向けて

地理は，複数の資料を総合的に判断して解答する問題がよく出題される。国や地域ごとに自然と文化の特色をおさえ，狭い範囲にとらわれない学習を心がけよう。歴史は，日本史だけでなく日本と世界の関係を問われる問題がよく出題される。公民は，適語選択よりも正文(誤文)選択が多く出題される。誤文や正文と判断できる根拠をしっかりと持てるだけの知識量を持つ必要がある。経済や国際社会に関する問題が多く，履修時期が遅いので日頃からニュースなどを意識しておきたい。

愛知県 公立高校入試データ解析 理科

		2024	2023	2022 A	2022 B	形式データ	2024	2023	2022 A	2022 B
物理	光・音・力による現象	○		○	●	記号選択	24	25	16	**18**
物理	電流の性質とその利用	○	○	○		語句記述			1	**1**
物理	運動とエネルギー		○		●	文章記述				
化学	物質のすがた	○	○	○		作図			2	1
化学	化学変化と原子・分子	○	○		●	数値			2	**4**
化学	化学変化とイオン	○		○	●	化学式・化学反応式				
生物	植物の生活と種類		○	○	●					
生物	動物の生活と種類	○		○	●					
生物	生命の連続性と食物連鎖	○	○	○						
地学	大地の変化	○		○	●					
地学	気象のしくみとその変化		○	○						
地学	地球と宇宙	○	○		●					

2025 年度入試に向けて

記号を選ぶときは，紛らわしい選択肢も入っているので，問題をよく読んで解答しよう。学校で行った実験や教科書に載っている実験を整理して，その実験の目的や期待される結果などについて詳しく理解しておくことが重要である。

全体としては，問題数はそれほど多くはないが，1 つの答えを導くのに，いくつかの問題を解くような，その単元の内容を広く深く理解していないと解けない問題も出題されている。実験内容を読み込んだり理解したりするのに時間が必要なので，問題数が多くないからといって時間に余裕があるわけではない。過去問を解くときには時間についても意識して練習しておくとよい。

分野別データ		2024	2023	2022 A	2022 B
音声	発音・読み方				
音声	リスニング	○	○	○	●
文法	適語補充・選択	○	○	○	●
文法	語形変化			○	●
文法	その他				
英作文	語句の並べかえ	○	○	○	●
英作文	補充作文	○	○	○	●
英作文	自由作文				
英作文	条件作文				
読解	語句や文の補充	○	○	○	●
読解	代名詞などの指示内容				
読解	英文の並べかえ				
読解	日本語での記述				
読解	英問英答				
読解	絵・表・図を選択				
読解	内容真偽	○	○	○	●
読解	内容の要約	○	○	○	●
読解	その他	○	○		

形式データ			2024	2023	2022 A	2022 B
リスニング		記号選択	5	5	5	**5**
リスニング		英語記述				
リスニング		日本語記述				
文法・英作文・読解	読解	会話文	2	2	2	**2**
文法・英作文・読解	読解	長文	1	1	1	**1**
文法・英作文・読解	読解	絵・図・表	1	1		
文法・英作文・読解		記号選択	17	17	6	**6**
文法・英作文・読解		語句記述			9	**9**
文法・英作文・読解		日本語記述				
文法・英作文・読解		英文記述			2	**2**

2025 年度入試に向けて

聞き取り検査では，短い対話に関する質問に答える問題が３問，少し長い英文に関する２つの質問に答える問題が１問出題される。筆記検査では，2023 年度から，補充作文の問題が選択肢で選ぶ形式に変わった。また，会話文の空欄を補充する問題が長文の中に入った。会話文の最後の問題では，資料を読み取って，時間や料金についての英文の真偽を問う問題が出題されている。

═《2024 国語 解答例》═

一 ㈠ア ㈡ウ ㈢イ ㈣エ ㈤二番目…ア 四番目…オ 六番目…エ ㈥エ, カ

二 ㈠①ウ ②イ ㈡エ ㈢ウ

三 ㈠ア, エ, オ ㈡ウ ㈢イ ㈣ウ, オ ㈤ア, オ

四 ㈠エ ㈡イ ㈢イ ㈣ウ

═《2024 数学 解答例》═

1 (1)イ (2)ウ (3)エ (4)ウ (5)イ (6)イ (7)エ (8)ア, カ (9)エ (10)ウ

2 (1)エ (2)ウ (3)①オ ②イ

3 (1)ア. 4 イ. 8 (2)①5 ②イ. 3 ウ. 8 (3)①ア. 5 イ. 4 ウ. 5 ②エ. 9 オ. 2

═《2024 社会 解答例》═

1 (1)できごと…エ 場所…C (2)オ (3)ウ

2 (1)A. ウ B. b (2)ア (3)ウ (4)ア

3 (1)エ (2)イ (3)①イ ②b (4)津波…イ 火山災害…ア

4 (1)カ (2)a. ウ c. イ (3)オ

5 (1)①イ ②カ (2)エ (3)ア (4)ア

6 (1)オ (2)エ (3)エ

═《2024 理科 解答例》═

1 (1)ウ (2)ア

2 (1)エ (2)エ (3)イ (4)Ⅰ. b Ⅱ. イ

3 (1)イ (2)オ (3)ウ (4)カ

4 (1)イ (2)Ⅰ. ア Ⅱ. ウ Ⅲ. カ (3)ク (4)オ

5 (1)カ (2)ア (3)ア (4)イ

6 (1)ある日…エ 3日後…B (2)エ

═《2024 英語 解答例》═

<聞き取り検査>

第1問 1番. a. 正 b. 誤 c. 誤 d. 誤 2番. a. 誤 b. 誤 c. 誤 d. 正
3番. a. 誤 b. 正 c. 誤 d. 誤

第2問 問1. a. 誤 b. 誤 c. 誤 d. 正 問2. a. 誤 b. 誤 c. 正 d. 誤

<筆記検査>

1 (1)ウ (2)イ (3)エ

2 (1)ウ (2)1番目…エ 3番目…キ 5番目…ア

3 (1)エ (2)ア (3)ウ (4)ウ (5)①イ ②ア

4 (1)①イ ②ア (2)ア (3)エ (4)イ, オ

=《2024　国語　解説》=

一 (一) 前の部分で、「古典力学〜遺伝子理論」などの(広く認知されている)理論も「仮説」であると述べ、「科学的な理論」は「それを支持する<u>事実があること</u>」(＝実証性)と、「<u>その真偽が実験や観察によって証明されること</u>」(＝反証可能性)をもたなければならないと述べている。このことを指して「こうした手続き」と言っているから、アが適する。

(二) 2行前から〔　A　〕までで、「どんな理論も仮説である以上、<u>つねに『とりあえず』で『今のところ』のものにすぎず』</u>〜いつ否定されないともかぎらない」と述べている。〔　A　〕〔　B　〕をふくむのはこのことをふまえた一文だから、「科学的な知」は「<u>究極の真理</u>」などけっして指し示さず、「<u>さしあたりの真理</u>」を提示するという文になる。[1]で、「古典力学〜遺伝子理論」などの「科学的な理論」は、「それらを否定する事実が見いだされないかぎりで、<u>さしあたり真なる理論として認められる</u>」と述べていることも参照。

(三) 筆者は「合理的」という場合の「理」には「いろいろある」と述べ、「<u>最小のコストで最大の効果を上げることが理にかなっていると考える人もいれば</u>〜<u>道徳的な正しさや倫理性</u>といった価値観に即した行為や状態を選択することが理にかなっていると考える人もいる」と述べている。つまり、「合理的であること」は「科学的であること」とは限らず、人それぞれの価値観によるということである。このことを、[4]では、「合理的な行為や状態とは、ある理の基準に関して適切な行為や状態が選ばれていることが、行為者にもそれを観察する人びとにも納得できるということなのだ」とまとめている。よって、イが適する。

(四) 〈4〉の直前に「科学技術」の「研究と応用を<u>特定の専門家や機関にゆだねる</u>ことが合理的であり〜個々の人びとは〜専門化した科学や技術を<u>理解できないことを甘受する</u>のが合理的なのだ」とある。科学技術の研究と応用を専門家に任せ、理解できないことを受け入れているということだから、これに、抜けている文の「科学とその合理性を<u>自らの判断において信じているのではない</u>」が続く。また、〈4〉の直後の「私たちは〜専門家集団や〜技術やシステムの科学性と合理性を、<u>理解はしていないけれども信じているのだ</u>」が、抜けている文に自然につながる。

(五) ウ→ア→カ→オ→イ→エの順になる。ウの、「コンピュータや自動車などの身近な機械がどのようなしくみで動いているかはよく分かりません」という具体例を、アで「そのように専門的な科学や技術の内容が理解できない」と言いかえている。そして、アで「<u>社会の合理性</u>が高められてきたと筆者は述べています」と言ったのを受けて、カで「しかし、<u>その場合の合理性</u>は〜科学の合理性とは〜異なっているように思います」と言い、この意見に同調して、オで「確かに〜その合理性は本来科学がもっている合理性とは違い、不透明さをもったものです」と言っている。オの「<u>不透明さ</u>」を踏まえて、イで「そのような〜<u>不透明な領域の増大とともに</u>」と述べている。エは、今まで出た意見を元に「要するに、科学的な知というのは」とまとめている。

(六) [1]で、「仮説と検証によって確かめられた法則性によって世界を理解することが、科学という知の特徴である」と自分の主張を述べた後、その具体例として、古典力学や相対性理論などの例をあげている。また、[3]・[4]では、「科学的であることと合理的であることとは、いつも一致するわけではない」という自分の主張の具体例として、「スポーツの試合」で相手が負傷したときのことをあげている。よって、エが適する。[2]の「<u>だがしかし</u>〜ようするに科学とは」、[3]の「<u>だが</u>合理的という言葉には」、[6]の「<u>だがしかし</u>、そうした科学化され」などで、自分の主張を述べる直前に逆接の接続詞を置き、自分の主張を強調している。よって、カが適する。

二 (二) エの「顕著」は、きわだって目につくという意味。この「著」は、「著<ruby>著<rt>いちじる</rt></ruby>しい」と同じ意味である。ア、イ、ウは、書きあらわすという意味。

(三) 「泰然自<ruby>若<rt>たいぜんじじゃく</rt></ruby>」は、ゆったりと落ち着きはらっている様子。

三 (一) ア．①の「凛久の転校や家庭の事情を、綿<ruby>引<rt>わたびき</rt></ruby>先生は知っていた～自分は話してもらえなかった、相談してもらえなかった」や、④で『『……悔しい』～『なんで、何も言ってくれなかったんだろう。悔しい。悔しいし、すごく……』」と言っていることから、適する。　エ．晴菜は、「凛久くんのお姉さんは車椅子を使っているんですか」と質問し、凛久のお姉さんが車椅子であることを察していたが、亜紗は「その言葉に——はっとする」とあるように、気づいていなかった。③にも(お姉さんも来ていた講演会の会場に)「車椅子の人たち向けのスペースがあったことも、まったく気づいていなかった」とある。このような「鈍感な自分」に対する亜紗の気持ちが書かれているのが④で、「亜紗は、気づけなかった。凛久が何も言えなくて当然だ、と思う」の部分から、亜紗が自分を「情けなく思っている」ことがうかがえる。よって、適する。　オ．④で「これ以上話すと涙が出てきそう」になって「感情を制御できなくなっているところに」、先生に「凛久はあいつ、ためこむタイプだからなぁ。亜紗、ごめんな」と「慰めの言葉」をかけられ、「いよいよ気持ちのやり場がなくなって亜紗はぶんぶんと首をふった」。この部分から「一層感情が高ぶっている」様子がうかがえるので、適する。

(二) 「天文部の一年生たちが訪ねてきた」時、「亜紗は驚いた」とある。事情がわからず、亜紗が「話なら部活の時でもいいのに」と思っていると、一年生の二人に「私たち——、年内にもう一度、スターキャッチ(コンテスト)みたいなことできないかなって、実は、相談してたんです。五島チームとか、渋谷の中学生たちに」と言われ、亜<ruby>紗<rt>ごとう</rt></ruby>は「えっ……！」と「思わず」声が出るほど、驚いている。五島(列島)は長崎県、渋谷は東京都なので、「県外の仲間」である。よって、ウが適する。

(四) ウ．④で亜紗が「なんで、何も言ってくれなかったんだろう～悔しいし、すごく……」と言った時、「亜紗ちゃん、と晴菜先輩が呼んで、こちらを見ている気配」がした。よって、晴菜が「凛久が転校することを聞いて動揺し混乱している亜紗の気持ちには、気付くことができていない」は適さない。　オ．⑦に「スターキャッチコンテストの望遠鏡作りは、亜紗たち上級生はあくまでお手伝いで、確かに一年生が中心だった」とある。上級生も手伝っていたのだから、「上級生は手を出さなかった」が本文と合わない。

(五) ア．本文は亜紗の視点から書かれているので、「地の文」(会話文以外の説明や描写の文)でも亜紗の内面が細かく描写されている。　オ．⑦、⑧では、1年生の二人が交互に話しており、特に⑧の「深野と広瀬が顔を見合わせる。二人で話した後なのだろう。小さくうなずき合った後で、深野が続けた」からは、二人の意思疎通がとれていて、息が合っている様子がうかがえる。

四 【古文の内容】

> 　太<ruby>宗<rt>たいそう</rt></ruby>が、そばに控える家臣に言うことには、「昔の人が言うには、『鳥は、林に<ruby>棲<rt>す</rt></ruby>んでいても、それでもなお高さが足りないことを恐れて、さらに高い木の枝に巣をつくる。魚は、泉に隠れていても、それでもなおその深さが足りないことを恐れて、さらに水中の洞穴に住んでいる。それにもかかわらず人に捕まってしまうのは、皆、餌を貪ったためである』。今、(お前たち)臣下は、任を受けて、高位に就いており、多額の報酬を得ている。当然まじめで正しい行いをし、清廉潔白な生き方をしなければならない。そうすれば災害がなく、長く富と地位を守ることができるだろう。昔の人が言うことには、『禍福はあらかじめ定まった門から入ってくるのではなく、ただ自分が招くものだけである』と。だから、没落するのは、皆、富や利益をむさぼるからなのである。先ほど言った魚や鳥と、何がちがうだろうか。お前たち、ぜひともこの言葉を思い、戒めとしなさい」と。

1　(1)　与式＝－12－(－2)＝－12＋2＝**－10**

(2)　与式＝$\dfrac{3(-2x+1)-4(x-3)}{12}=\dfrac{-6x+3-4x+12}{12}=\dfrac{\boldsymbol{-10x+15}}{12}$

(3)　与式＝$(6a^2b-12ab^2)\times\dfrac{3}{2ab}=6a^2b\times\dfrac{3}{2ab}-12ab^2\times\dfrac{3}{2ab}=\boldsymbol{9a-18b}$

(4)　$x^2+xy-y^2=x^2-y^2+xy=(x+y)(x-y)+xy$　　ここで，$x=\sqrt{3}+\sqrt{2}$，$y=\sqrt{3}-\sqrt{2}$を代入すると，

$(\sqrt{3}+\sqrt{2}+\sqrt{3}-\sqrt{2})\{\sqrt{3}+\sqrt{2}-(\sqrt{3}-\sqrt{2})\}+(\sqrt{3}+\sqrt{2})(\sqrt{3}-\sqrt{2})=$

$2\sqrt{3}\times2\sqrt{2}+(\sqrt{3})^2-(\sqrt{2})^2=4\sqrt{6}+3-2=\boldsymbol{4\sqrt{6}+1}$

(5)　与式より，$x^2+6x+9-11=5x+10$　　　$x^2+x-12=0$　　　$(x+4)(x-3)=0$　　　$\boldsymbol{x=-4, 3}$

(6)　トマト3個の重さは3a g，きゅうり2本の重さは2b gだから，**3a＋2b＜900**

(7)　【解き方】反比例の式は，$y=\dfrac{a}{x}$または$xy=a$と表せる。

$xy=a$に$x=4$，$y=3$を代入すると，$4\times3=a$より，$a=12$　　　$y=\dfrac{12}{x}$のグラフ上の点でx座標とy座標がともに整数の点の座標は，<u>(－12，－1)</u><u>(－6，－2)</u><u>(－4，－3)</u>(－3，－4)(－2，－6)(－1，－12)<u>(1，12)</u><u>(2，6)</u><u>(3，4)</u>(4，3)(6，2)(12，1)である。このうち，x座標がy座標よりも小さい点は，下線部の**6個**である。

(8)　ア．64の平方根は±8だから，正しい。　　イ．$\sqrt{16}=4$だから，正しくない。

ウ．$\sqrt{(-6)^2}=\sqrt{36}=6$だから，正しくない。　　エ．$\sqrt{16}-\sqrt{9}=4-3=1$だから，正しくない。

オ．$\sqrt{3}\times5=\sqrt{3}\times\sqrt{25}=\sqrt{75}$だから，正しくない。　　カ．$\sqrt{21}\div\sqrt{7}=\sqrt{21\div7}=\sqrt{3}$だから，正しい。

よって，正しいものは**ア，カ**である。

(9)　【解き方】箱ひげ図が表す値は，最小値・最大値→中央値→第1四分位数・第3四分位数，の順に求めやすいので，その順に正しい箱ひげ図を探す。

ヒストグラムより，最小値は5m以上10m未満，最大値は45m以上50m未満であり，イはこの条件に合わない。

40個のデータの中央値は，$40\div2=20$より，大きさ順に並べたときの20番目と21番目の値の平均である。ヒストグラムより，20番目と21番目はどちらも25m以上30m未満の階級に含まれるから，中央値もこの階級に含まれ，ア，ウ，エのうちウはこの条件に合わない。

$20\div2=10$だから，第1四分位数は小さい方から10番目と11番目の値の平均，第3四分位数は大きい方から10番目と11番目の値の平均である。ヒストグラムより，小さい方から10番目と11番目はどちらも15m以上20m未満の階級に含まれ，大きい方から10番目と11番目はどちらも30m以上35m未満の階級に含まれる。したがって，第1四分位数は15m以上20m未満，第3四分位数は30m以上35m未満であり，ア，エのうちこの条件に合うのは**エ**である。

(10)　【解き方】AB//FGより，△ABC∽△FGCだから，その相似比を調べる。

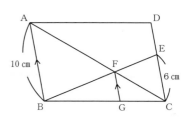

平行四辺形の向かい合う辺の長さは等しいから，DC＝AB＝10 cm

$DC:EC=(2+3):3=5:3$だから，$EC=\dfrac{3}{5}DC=\dfrac{3}{5}\times10=6$ (cm)

AB//DCより，△ABF∽△CEFだから，

$AF:CF=AB:CE=10:6=5:3$

したがって，△ABCと△FGCの相似比は，$AC:FC=(5+3):3=8:3$だから，

$FG=\dfrac{3}{8}AB=\dfrac{3}{8}\times10=\dfrac{15}{4}$(cm)

2 (1) 【解き方】すべての取り出し方は変わらず $6 \times 5 = 30$（通り）

あるので，そのことがらが起こる場合の数が等しいものを探す。

①$a + b$が偶数になるのは，aとbがともに偶数かともに奇数の場合

なので，表Ⅰの〇の 12 通りある。

②$a - b$が正の数になるのは，表Ⅰの▲の 15 通りある。

③abが奇数になるのは，aとbがともに奇数の場合だから，表Ⅱの

◎の 6 通りある。

④aがbの約数になるのは，表Ⅱの▽の 3 通りある。

⑤aとbがともに素数となるのは，表Ⅱの■の 12 通りある。

以上より，起こる確率が等しいことがらは，①，⑤である。

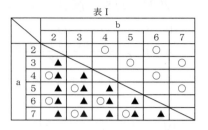
表Ⅰ

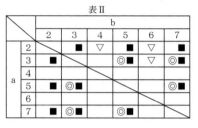
表Ⅱ

(2) 【解き方】$OD = d$，$DC = c$とし，三角形の面積比からdと

cの関係を式に表して，Dの座標を求める。Dの座標がわかれば，

A，D，Bが一直線上にあることから，aの値を求められる。

$\triangle DOA = \dfrac{1}{2} \times OD \times (DとAのx座標) = \dfrac{1}{2} \times d \times 2 = d$だから，

$\triangle CBD = 2d$と表せる。$\triangle CBD$の面積について，

$\dfrac{1}{2} \times DC \times (DとBのx座標の差) = 2d$　　$\dfrac{1}{2} \times c \times \{0 - (-3)\} = 2d$

$c = \dfrac{4}{3}d$　　したがって，$OD : DC = d : \dfrac{4}{3}d = 3 : 4$だから，

$OD : OC = 3 : (3 + 4) = 3 : 7$

よって，$OD = \dfrac{3}{7}OC = \dfrac{3}{7} \times \dfrac{21}{2} = \dfrac{9}{2}$だから，$D\left(0, \dfrac{9}{2}\right)$である。

A，Bは$y = ax^2$のグラフ上の点だから，Aのy座標は$y = 2^2a = 4a$，

Bのy座標は$y = (-3)^2a = 9a$と表せる。

A，D，Bは一直線上にあるので，AB間の変化の割合と，AD間の変化の割合は等しいから，

$\dfrac{4a - 9a}{2 - (-3)} = \left(4a - \dfrac{9}{2}\right) \div (2 - 0)$　　これを解くと，$a = \dfrac{3}{4}$

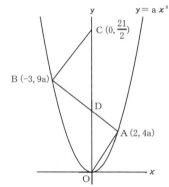

(3)① 弟は片道を $600 \div 120 = 5$（分）で走る。したがって，$x = 6$のときは1回目にB地点で折り返してから

$6 - 5 = 1$（分後）だから，B地点から $120 \times 1 = 120$（m）進んでいる。よって，$y = 600 - 120 = 480$

② 【解き方】2人の移動の様子をグラフにかく。2つのグラフが交わるところが，2人が同じ地点にいることを

表す。

①より，弟は5分ごとに片道を進んで折り返す。

弟は2往復するのに $5 \times 4 = 20$（分）かかるから，

兄は3往復するのに，$20 - 1 - 1 = 18$（分）かかる。

したがって，兄は1往復に $18 \div 3 = 6$（分）かかり，

片道を進むのに $6 \div 2 = 3$（分）かかる。

よって，弟のグラフは右図の実線，兄のグラフは太

い点線になるので，兄が弟とすれ違うのは〇の 4 回

である。なお，△は兄が弟を追い抜くところを表す。

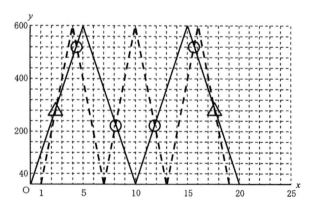

3 (1) 平行線の錯角は等しいから，

∠ＥＢＣ＝∠ＦＥＢ＝21°

△ＢＣＤの内角の和より，∠ＢＣＤ＝180°−90°−21°＝69°

△ＡＢＣはＡＢ＝ＡＣの二等辺三角形だから，∠ＡＢＣ＝∠ＡＣＢ＝69°

よって，∠ＡＢＤ＝69°−21°＝**48°**

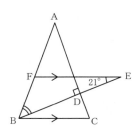

(2)① 【解き方】三平方の定理を利用して，まずＢＥの長さを求める。

ＣＥ＝4÷2＝2(cm)だから，三平方の定理より，

ＢＥ＝$\sqrt{\text{ＣＥ}^2+\text{ＢＣ}^2}$＝$\sqrt{2^2+4^2}$＝$\sqrt{20}$＝$2\sqrt{5}$(cm)

よって，ＥＦ＝$\frac{1}{2}$ＢＥ＝$\frac{1}{2}$×$2\sqrt{5}$＝$\sqrt{5}$(cm)

② 【解き方】右のように作図し，相似な直角三角形を見つけ，
直角をはさむ2辺の比を利用する。

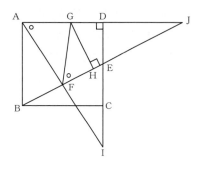

△ＡＢＦ∽△ＩＥＦで，ＢＦ＝ＥＦだから，△ＡＢＦ≡△ＩＥＦ

これより，ＩＥ＝ＡＢ＝4cm

△ＡＤＩ∽△ＦＨＧであり，△ＡＤＩにおいて，

ＤＡ：ＤＩ＝4：(2+4)＝2：3だから，ＨＦ：ＨＧ＝2：3

したがって，ＨＦ＝2ａ，ＨＧ＝3ａとおく。

また，△ＡＢＪ∽△ＤＥＪで相似比はＡＢ：ＤＥ＝2：1だから，

ＡＪ：ＤＪ＝2：1より，ＡＤ：ＤＪ＝(2−1)：1＝1：1　　ＤＪ＝ＡＤ＝4cm

△ＡＢＪ∽△ＨＧＪであり，△ＡＢＪにおいて，ＡＢ：ＡＪ＝4：(4+4)＝1：2だから，

ＨＧ：ＨＪ＝1：2　　したがって，ＨＪ＝2ＨＧ＝2×3ａ＝6ａ

ＥＪ＝ＢＥ＝$2\sqrt{5}$cmだから，ＦＪの長さについて，ＨＦ＋ＨＪ＝ＥＦ＋ＥＪ　　2ａ＋6ａ＝$\sqrt{5}$＋$2\sqrt{5}$

8ａ＝$3\sqrt{5}$　　ａ＝$\frac{3\sqrt{5}}{8}$

よって，ＨＦ＝2×$\frac{3\sqrt{5}}{8}$＝$\frac{3\sqrt{5}}{4}$(cm)だから，ＨＦの長さはＥＢの長さの，$\frac{3\sqrt{5}}{4}$÷$2\sqrt{5}$＝$\frac{3}{8}$(倍)

(3)① 【解き方】ＡＢが直径だから，∠ＡＣＢ＝∠ＡＤＢ＝90°である。三平方の定理を利用することで，
△ＤＡＢの3辺の長さの比を求められる。

ＤＡ：ＤＢ＝3：1より，ＤＡ＝3ａ，ＤＢ＝ａとすると，三平方の定理より，

ＡＢ＝$\sqrt{\text{ＤＡ}^2+\text{ＤＢ}^2}$＝$\sqrt{(3a)^2+a^2}$＝$\sqrt{10}a$

したがって，△ＤＡＢにおいて，ＤＡ：ＤＢ：ＡＢ＝3ａ：ａ：$\sqrt{10}$ａ＝3：1：$\sqrt{10}$

△ＣＡＢは直角二等辺三角形だから，ＡＢ＝$\sqrt{2}$ＣＡ＝$6\sqrt{2}$(cm)

よって，ＤＢ＝$\frac{1}{\sqrt{10}}$ＡＢ＝$\frac{1}{\sqrt{10}}$×$6\sqrt{2}$＝$\frac{6}{\sqrt{5}}$(cm)，ＤＡ＝3ＤＢ＝3×$\frac{6}{\sqrt{5}}$＝$\frac{18}{\sqrt{5}}$(cm)だから，

△ＤＡＢ＝$\frac{1}{2}$×ＤＢ×ＤＡ＝$\frac{1}{2}$×$\frac{6}{\sqrt{5}}$×$\frac{18}{\sqrt{5}}$＝$\frac{54}{5}$(cm²)

② 【解き方】体積を求める立体は右図のような立体であり，底面が
半径ＦＥの円で高さがＦＡの円すいと，底面が半径ＦＥの円で高さが
ＦＢの円すいを合わせた形をしている。

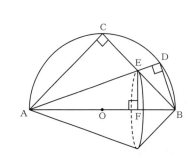

△ＣＡＢが直角二等辺三角形だから，∠ＣＢＡ＝45°なので，

△ＦＥＢも直角二等辺三角形であり，ＦＥ＝ＦＢ

(6)

△ＦＡＥは△ＤＡＢと相似で，ＤＡ：ＤＢ＝３：１だから，

ＦＡ：ＦＥ＝３：１　　したがって，ＦＡ：ＦＢ＝３：１

$ＦＢ＝ＡＢ×\dfrac{1}{3＋1}＝6\sqrt{2}×\dfrac{1}{4}＝\dfrac{3\sqrt{2}}{2}$(cm)　　　$ＦＥ＝ＦＢ＝\dfrac{3\sqrt{2}}{2}$cm

よって，求める体積は，$\dfrac{1}{3}×ＦＥ^2π×ＦＡ＋\dfrac{1}{3}×ＦＥ^2π×ＦＢ＝\dfrac{1}{3}×ＦＥ^2π×（ＦＡ＋ＦＢ）＝$

$\dfrac{1}{3}×ＦＥ^2π×ＡＢ＝\dfrac{1}{3}×（\dfrac{3\sqrt{2}}{2}）^2π×6\sqrt{2}＝\mathbf{9\sqrt{2}π}$(cm³)

═《2024　社会　解説》═

1　(1)　エ／Ｃ　　８世紀中ごろ，聖武天皇は，貴族の反乱や疫病・ききんなどで乱れた世の中を，仏教の力で鎮めようとして，全国に国分寺・国分尼寺，奈良の都に東大寺と大仏をつくらせた。アは 15 世紀で関連する場所はＤ，イは 17 世紀で関連する場所はＡ，ウは 19 世紀で関連する場所はＢ，エは７世紀で関連する場所はＣのメッカ。

　　(2)　オ　　①岩手県の平泉にある中尊寺金色堂は，藤原清衡が 12 世紀前半に建設した阿弥陀堂で，世界文化遺産に登録されている。②足利義満の保護を受けた観阿弥・世阿弥親子によって，能楽は大成された。③17 世紀初めに出雲の阿国が始めたかぶき踊りは女性が舞うものであったが，17 世紀中ごろには男性の舞う歌舞伎に変わった。

　　(3)　ウ　　Ⅲの平等院鳳凰堂は，11 世紀中ごろに藤原頼通によって建てられたから，同じ 11 世紀のできごとのウが最も近い年代である。白河天皇による院政は 1086 年に始まった。アは 12 世紀末，イは 13 世紀前半，エは８世紀初頭。

2　(1)　Ａ＝ウ　Ｂ＝ｂ　　徳川吉宗が享保の改革でヨーロッパの書物の輸入禁止を緩めたころから，西洋の学問をオランダ語で研究する蘭学が発達した。杉田玄白や前野良沢らがオランダ語の人体解剖書『ターヘル・アナトミア』を翻訳し『解体新書』として出版すると，医学や天文学などへの関心が高まり，蘭学の塾が各地に開かれた。

　　(2)　ア　　Ｘ．「ヨーロッパの文化を取り入れている」「移住してきた」から，イギリスから移住してきた人々によってつくられたアメリカである。Ｙ．「世界各地から原料を買って自国に運び，それを石炭と鉄の力を借りて工業製品とし」から，世界で初めて産業革命が起こったイギリスである。Ｚはフランス。

　　(3)　ウ　　アはアメリカ，イはフランス，エはイギリスのようすである。

　　(4)　ア　　1897 年に「綿糸の輸出量が輸入量をはじめて上回る」とあることから判断する。

3　(1)　エ　　長崎県は離島が多いため，海岸線距離は北海道に次いで全国２位である。日本海に面する石川県金沢市は，冬の降雪量が多い日本海側の気候だから，１月の平均降雪日数は長崎県長崎市より多い。

　　(2)　イ　　Ⅲの表において，地熱発電量が最も多いＢは大分県である。大分県には日本最大の地熱発電所である八丁原地熱発電所がある。Ａは製造品出荷額が最も多いことからアの福岡県，Ｃはきゅうりの生産量が最も多いことから促成栽培の盛んなウの宮崎県，Ｄは豚の飼育頭数が最も多いことからエの鹿児島県である。

　　(3)　①＝イ　②＝ｂ　　①リアス海岸は，沈降した山地の谷間の部分に海水が入り込むことでできた，奥行きのある湾と岬が連続する地形で，長崎県の九十九島のほか，東北地方の三陸海岸，三重県の志摩半島，福井県の若狭湾沿岸，愛媛県の宇和海沿岸などに見られる。②床面を低くして，入口の段差を小さくすれば，高齢者でも乗降がスムーズにできるようになる。

　　(4)　津波＝イ　火山災害＝ア　　津波は沿岸部での被害が大きくなることから，津波の自然災害伝承碑も沿岸部に多くなると考える。雲仙岳は長崎県の島原半島に位置することから考える。

4　(1)　カ　　都市Ｘは温暖湿潤気候のＱ，都市Ｙは地中海性気候のＰである。緯線Ｚは北緯 40 度線であり，北緯 40 度線は日本の男鹿半島(秋田県)あたりを通ることは覚えておきたい。

(2)　a＝ウ　c＝イ　　aはロッキー山脈を縦断している。ロッキー山脈には 2000〜4000m 級の山が連なる。 c の
●付近はヒマラヤ山脈がある。ヒマラヤ山脈には 5000m を越える山が多くある。

(3)　オ　　「国土の中の標高の高い地域」はアンデス山脈を意味し，Ⅳはマチュピチュを背景にしたリャマの写真
だから，この文で説明されている国はペルーである。表中の 5 か国のうち，南半球に位置している国はペルーだけ
だから，首都と北極点のおよその距離が最も長いオを選ぶ。アはイギリス，イはタイ，ウはバングラデシュ，エは
韓国。

5　(1)　①＝イ　②＝カ　　①1973 年，第 4 次中東戦争が起きた際，原油を産出するアラブ諸国が原油の値上げや輸出
停止などの対抗手段をとったことで，原油価格が上昇し，先進工業国の経済が落ち込んだ出来事を第 1 次石油危機
という。②Ⅰのグラフの縦軸が消費者物価指数の前年比であることに注意する。物価が下がるのは消費者物価指数
の前年比の値がマイナスになるときだから，あてはまるのは Z である。牛海綿状脳症（ＢＳＥ）が世界的に流行した
ことで，消費者の牛肉ばなれが起き，低迷していた売上高を回復させようとして，日本マクドナルドは 2002 年に
1 個 80 円のハンバーガーを 59 円に値下げした。

(2)　エ　　相談件数と相談件数の割合の違いに注意する。「インターネット通販」の相談件数が最も多く，「イン
　　ターネット通販」の「その他の年齢層」の相談件数の割合が最も高いことから，「その他の年齢層」の「インターネ
　　ット通販」の相談件数が最も多くなる。ア．誤り。「訪問販売」においては，「75〜84 歳」→「65〜74 歳」→「85
　　歳以上」の順に相談件数の割合が低くなっている。イ．誤り。「65〜74 歳」の相談件数の割合が高いのは「訪問販
　　売」である。ウ．誤り。「75〜84 歳」において，「訪問販売」の相談件数は 70483×0.203＝14308（件），「電話勧誘
　　販売」の相談件数は 43633×0.165＝7199（件）だから，「電話勧誘販売」より多い。

(3)　ア　　当事者の一方から先になされる意思表示を「申込み」，これを受けて後からなされる意思表示を「承諾」
　　といい，「申込み」と「承諾」の合致によって契約が成立する。例えば「これください」「ありがとうございます」
　　のような口約束でも契約は成立する。製造業者の過失を消費者が裁判で証拠をあげて証明することは困難であるこ
　　とから，製造物責任法（ＰＬ法）では，製造業者の無過失責任を定め，消費者は製品に欠陥があったことを証明すれ
　　ばよいとされた。

(4)　ア　　「個人経営の飲食店」は P，「コンビニエンスストア」は Q，「ホテル」は R である。

6　(1)　オ　　法の支配と人の支配の違いを模式的に表すと右図のようになる。

(2)　エ　　離婚後，男性はすぐに再婚できるが女性は 6 か月たたないと再婚
　できないことは，男女の平等に反する。芥川賞作家柳美里の小説『石に泳ぐ
　魚』のモデルとなった知人女性が，名誉を侵害されたと訴えたことに対し，
　裁判所は出版差し止めを命じた。

(3)　エ　　公害対策基本法ではなく，環境アセスメント法である。

━《2024　理科　解説》━━━━━━━━━━━━━━━━━━━━━━━━━

1　(1)　光るすじを陰極線といい，電子が－極から＋極に移動することでできる。図 1 では，電子は A から B に向かっ
て移動するので，A が陰極，B が陽極である。電子が移動する向きと電流が流れる向きは反対であることに注意し
よう。また，電子は－の電気を帯びた粒子なので，C が陽極，D が陰極になるように電圧を加えると，陰極線は陽
極である C に引きつけられるように上向きに曲がる。

(2)　実験 1 より，水にとけずに白くにごった C はデンプンである。また，実験 2 より，加熱してもこげなかった B
は無機物の食塩であり，残った A は砂糖である。

2 (2) 実験2の反応は，刺激に対して意識して起こる反応だから，脳に刺激の信号が届いてから，脳から命令の信号が送られる。

(3) 表より，それぞれの実験におけるものさしが落下した距離の平均を求めると，実験1では$(18.2+17.4+18.0+17.8+17.6)÷5=17.8$(cm)，実験2では$(24.6+24.4+24.0+24.2+24.3)÷5=24.3$(cm)である。この時間を元に，図3からものさしが落ちはじめてからの時間を読み取ると，実験1では約0.19秒，実験2では約0.222秒だから，その差は$0.222-0.19=0.032$(秒)である。よって，イが最も適当である。

(4) Ⅰ．音の刺激に対する反応について調べるので，光の刺激を受けとらないように，Bさんは目を閉じている必要がある。　Ⅱ．Aさんはものさしをはなす(ものさしが落ちはじめる)瞬間に声を出しているから，ものさしが落下した距離と図3から，Aさんが声を出してからBさんがものさしをつかむまでの時間がわかる。

3 (1) 塩化銅水溶液中には，塩化銅が電離して，銅イオンと塩化物イオンが存在する〔$CuCl_2→Cu^{2+}+2Cl^-$〕。ここに電流を流すと，陽イオンである銅イオンは陰極(A)に引きつけられ，電子を2個受け取って銅原子となる〔$Cu^{2+}+2e^-→Cu$〕。一方，陰イオンである塩化物イオンは陽極(B)に引きつけられ，電子を1個渡して塩素原子となり，それが2個結びついて塩素分子となる〔$2Cl^-→Cl_2+2e^-$〕。

(2) 銅と塩素が9：10の質量の比で結びついている塩化銅0.95gが分解されるとき，生じる銅は$0.95×\dfrac{9}{9+10}=0.45$(g)である。図2より，炭素棒に付着した銅の質量は電流を流した時間に比例することがわかるから，電流が2.0Aのとき，15分で0.60gの銅が付着したことを基準にすると，0.45gの銅が付着するのは$15×\dfrac{0.45}{0.60}=11.25$(分)である。さらに，図2より，炭素棒に付着した銅の質量が同じとき，電流を流した時間は電流の大きさに反比例することがわかるから，電流が2.0Aのとき，11.25分で0.45gの銅が付着したことを基準にすると，電流が1.0Aのときには$11.25×\dfrac{2.0}{1.0}=22.5$(分)，電流が1.5Aのときには$11.25×\dfrac{2.0}{1.5}=15$(分)であり，オが適当である。

(3) うすい水酸化ナトリウム水溶液に電流を流すと，水が電気分解されて，陰極(C)から水素，陽極(D)から酸素が，体積比2：1で発生する〔$2H_2O→2H_2+O_2$〕。よって，Dから発生した酸素の体積が2.0㎤であれば，Cから発生する水素の体積は2.0㎤の2倍の4.0㎤である。

(4) 表で，電流を流す時間が20分のとき，過不足なく反応する塩酸と水酸化ナトリウム水溶液の体積比は1：1だから，電流を流す時間が20分のとき，塩酸の体積が4.0㎤であれば，過不足なく反応する水酸化ナトリウム水溶液の体積も4.0㎤である。つまり，電流を流す時間が10分のときと比べて，4.0㎤の塩酸と過不足なく反応する水酸化ナトリウム水溶液の体積が1.0㎤小さくなったから，電流を流す時間が0分のときの(電流を流す前の)塩酸4.0㎤と過不足なく反応する水酸化ナトリウム水溶液は10分のときよりも1.0㎤大きい6.0㎤である。よって，塩酸の体積が10.0㎤であれば，過不足なく反応する水酸化ナトリウム水溶液は$6.0×\dfrac{10.0}{4.0}=15.0$(㎤)である。

4 (1) 浮力の向きは重力の向きと反対である。また，浮力の大きさは，重力からばねばかりが示す値を引くと求めることができるので，$12.0-4.0=8.0$(N)である。

(2) Ⅲ．表より，水面からAの底面までの深さが1.0cm大きくなるごとに浮力が2.0Nずつ大きくなること，Aにはたらく浮力が最大で$12.0-2.2=9.8$(N)であることがわかる。よって，浮力がはじめて9.8Nになるときの水面からAの底面までの深さは$1.0×\dfrac{9.8}{2.0}=4.9$(cm)であり，このときA全体がちょうど水中に入ったことになるので，Aの高さは4.9cmである。

(3) 棒の両端にはたらく下向きの力の比が，支点からの距離の比の逆比と等しくなると，棒は水平になる。よって，図3より，AとBにはたらく重力の大きさの比は$(24-16)：16=1：2$だから，Bにはたらく重力は$12.0×2=24.0$(N)である。次に，図4のようにAを2.0cmだけビーカーの水に沈めた場合，棒の左端にはたらく下向きの力

は8.0Nになるから，棒の両端にはたらく下向きの力の比は，左端：右端＝8.0：24.0＝1：3である。よって，棒が水平になるときの支点からの距離の比は，左端：右端＝3：1であり，支点は左端から$24 \times \dfrac{3}{3+1} = 18$(cm)のところである。

(4) 実験1より，物体にはたらく浮力は，物体の水中にある体積に比例すると考えられる。図5のとき，Cにはたらく浮力はCにはたらく重力と等しく17.0Nであり，図6のとき，Cにはたらく浮力はCにはたらく重力よりも3.0N大きい20.0Nである。よって，図5のときに水中にある部分の体積は，C全体の$\dfrac{17.0}{20.0} \times 100 = 85$(%)だから，図5のときに水面より上にある部分の体積は，C全体の100−85＝15(%)である。

5 (1) Aのように，傾斜がゆるやかな形の火山のマグマはねばりけが弱く，火成岩は黒っぽくなる。よって，Aに分類した火山から採集した火成岩は，表1で有色鉱物の割合が最も大きい「う」だから，最も多く含まれる有色鉱物は輝石である。

(2) Eのように斑晶と石基からなるつくりを斑状組織といい，これは火山岩に見られるつくりである。なお，Dのように大きな結晶が組み合わさったつくりを等粒状組織といい，これは深成岩に見られるつくりである。

(3) Ⅰ．図3より，水100gにミョウバン50gをとかしたXでは約57℃，水100gにミョウバン30gをとかしたZでは約45℃で結晶が出てくる。 Ⅱ．Wと比べて，冷え方の条件だけが異なるのはXだから，WとXを比べればよい。

(4) Ⅰ．表3より，同じくらいの大きさの，大きな結晶ができたのはXとZである。表2より，XとZは60℃の湯の入った水そうに浮かべて放置したから，氷水の入った水そうに浮かべて放置したWやYと比べて，ゆっくり冷やされたと考えられる。 Ⅱ．表3で，WとYに見られるつくりが斑状組織，XとZに見られるつくりが等粒状組織だと考えればよい。

6 (1) 月から地球を見ると，同じ日に地球から見た月の光っている部分と暗くなっている部分を入れかえた形に見える。つまり，ある日の地球から図1のような月が見えたとき，月から地球を見ると，図1で暗くなっている部分が光っているから，エのように見える。また，図1の月は上弦の月の直前であり，3日後には図1よりも満ちて見えるから，3日後に月から見た地球はエよりも欠けて見える。

(2) 根の先端付近で細胞分裂がさかんに起こり，分裂した直後の小さい細胞があるから，同じ長さで切ると先端付近の方が細胞の数が多い。

═══《2024 英語 解説》═══

＜聞き取り検査＞

第1問

1番 問い「彼らはどこで話していますか？」…従業員「こんばんは。何かお手伝いできることはございますか？」→男性「ええ，予約をしていないのですが今夜は空室がありますか？」→従業員「少々お待ちください」の流れより，a「彼らはホテルで話しています」が正しい。

2番 問い「ジェーンは次に何と言うでしょうか？」…デイヴ「ジェーン，君の演奏は本当に素晴らしかったよ！」→ジェーン「ありがとう，デイヴ。そう言ってもらえてうれしいよ」→デイヴ「君はいつピアノの演奏を始めたの？」の流れより，d「約10年前だよ」が正しい。

3番 問い「この会話について，何が正しいですか？」…母親「明日の牛乳が足りないわ。ジョン，買ってきてくれる？」→ジョン「無理だよ，ママ。行きたくないよ。今テレビを見てるし，宿題もやらないと」→母親「それなら先に宿題をやりなさい」より，b「ジョンはまだ宿題を終えていません」が正しい。

第２問 【放送文の要約】参照。

問１ 問い「このスピーチについて，何が正しいですか？」…ｄ「ショウタは屋外で魚を調理して楽しんだ」が正しい。

問２ 問い「このスピーチに最適なタイトルは何ですか？」…ｃ「川辺での特別なひととき」が正しい。ａ「川辺での嫌な経験」，ｂ「川で一番の魚」，ｄ「川辺で調理をする方法」は不適当。

【放送文の要約】

みなさんこんにちは。僕はショウタです。今日はアメリカのホストファザーとの思い出をみなさんとシェアしたいと思います。ある日，彼と僕は美しい川に行き，釣りを楽しみました。実は，僕は何も釣れませんでしたが，彼はたくさんの魚を捕まえました。その後，彼が魚の調理方法を教えてくれたので，やってみました。難しかったですが，問1 d 屋外で魚を調理するのは初めてだったのでとても楽しかったです。僕はその美味しい食事を決して忘れません。

<筆記検査>

1 【本文の要約】参照。

(1) 現実ではないことを表す仮定法過去〈If＋主語＋動詞の過去形＋～，主語＋would＋動詞の原形〉「もし～ならば，…するのに」の文が適当。エ「田舎にハイキングに行かないはずだったよ」は話の流れに合わない。

(2) ア「家でテレビゲームをして過ごす」，ウ「田舎にハイキングに行く」，エ「君の家を訪ねる」は不適当。

(3) ア「彼は今日とても忙しいから来られないよ」，イ「彼は僕の家の場所を知らないよ」，ウ「彼はハイキングをしに田舎に行っているよ」は不適当。

【本文の要約】

勇樹　　：もしもし，ライアン。勇樹だよ。

ライアン：やあ！こんにちは，勇樹。どうしたの？

勇樹　　：今日の午後は何か予定がある？

ライアン：ええと，今日晴れていたら (1)ウ田舎にハイキングに行くはずだったよ。実際は昨日の夜からずっと雨が降ってるだろ。だから，一日中することがないよ。

勇樹　　：そうなんだね。僕は，僕らの友達のコウタと (2)イ劇場に映画を観に行く 計画があるよ。一緒に来ない？

ライアン：行きたいな。でも，それがどこかわからないよ。

勇樹　　：心配ないよ，ライアン。午後１時に僕の家に来てよ。劇場まで一緒に行こう！

ライアン：ありがとう，勇樹。それで，コウタはどうするの？

勇樹　　：えっと，(3)エ彼はもう僕の家にいるよ。それじゃあ，僕らはここで君を待ってるからね。

ライアン：ＯＫ。あとでね。

2 (1) 発表の内容「家での手伝いについて発表します。最初に，グラフ１によれば，私たちの60％以上が一週間に (1)ウ４日以上(＝4 days or more) 家で手伝いをしています。そして，17％は１日手伝いをする，もしくは全く手伝いをしません。次に，グラフ２をご覧ください。私たちのおよそ70％が (2)ウお風呂を掃除します(＝clean the bathtub)。そして，私は(2)料理が部屋の掃除よりも一般的だと知って少し驚きました。質問があれば気軽に聞いてください。ありがとうございました」

(2) And I'm a little surprised to know that cooking is more common than cleaning the rooms.：２つの項目を比べる比較級の文にする。文末の the rooms より，項目の１つは cleaning the rooms なので，それよりも一般的(＝more common)なのは cooking である。よって，不要な語は shopping である。

3 【本文の要約】参照。

(1) ア「～を横切って」，イ「～まで(ずっと)」，ウ「～の周りに」は不適当。

(2) 【a】の直後の「あなたの答えが『はい』なら～」より，質問文のウが適当。【b】の段落では，オンラインミーティングのもう1つの長所(＝another strong point)が書かれているから，イが適当。【c】の段落では，オンラインミーティングの短所(＝weak points)が書かれているから，アが適当。

(3) ア×「オンラインミーティングは対面でのミーティングよりも非効率的なものとなるだろう」…本文にない内容。　イ「オンラインミーティングと対面でのミーティングには×同じ長所がある」　ウ〇「オンラインミーティングはインフォメーションテクノロジーの発達のおかげで登場した」　エ×「オンラインミーティングは対面でのミーティングよりも長い歴史がある」…本文にない内容。

(4) ア×「インターネットは対面でのミーティングにも必要なものとなるだろう」…本文にない内容。　イ×「対面でのミーティングはオンラインミーティングのせいでなくなりつつある」…本文にない内容。　ウ〇「私たちのミーティングは今よりも効果的で印象的なものとなるだろう」　エ×「対面でのミーティングが長すぎると私たちの健康に害を及ぼすかもしれない」…本文にない内容。

(5)① 「コンピュータを立ち上げれば他の人たちが目の前に現れる」，「ミーティングの間，同じ場所に滞在する」はそれぞれのミーティングの特徴だから，イ「特徴」が適当。ア「歴史」，ウ「理由」，エ「質問」は不適当。

② 「ミーティングの場所に行く時間とお金を節約できる」，「少ない労力で海外の人とコミュニケーションが取れる」，「電子機器が不要」，「インターネットのトラブルを心配しなくて済む」はそれぞれのミーティングの長所だから，ア「長所」が適当。イ「近い将来」，ウ「不慮の事故」，エ「挑戦」は不適当。

【本文の要約】

(3)ウインフォメーションテクノロジーの発達のおかげで私たちの暮らしは以前よりもますます便利になっています。今では この技術なしの暮らし(＝life without this technology) は想像できません。私たちはインターネットで必要な情報を入手し，好きな動画をいろいろ見て，欲しい商品を購入することができます。さらに，数年前には経験しなかった変化もありました。(3)ウそのうちの1つはオンラインミーティングです。みなさんは祖父母や海外の学生などの遠くに住んでいる人たちと話すことができます。

【a】ウみなさんはオンラインミーティングをしたことがありますか？ 「はい」と答えた場合は，いくつかの長所を知っているかもしれませんね。私たちはミーティングのために，その場所まで行く時間とお金を節約できます。別の町に住む祖父母とのオンラインミーティング中，私たちは彼らと一緒の場所に滞在する必要はありません。ただ自宅でコンピュータを立ち上げれば，彼らが私たちの前に現れるのです。インターネットでいつでも彼らと話すことができます。

【b】イオンラインミーティングには他にも長所があります。少ない労力で海外にいる人とコミュニケーションが取れます。例えば教室では，インターネットで海外の学校の生徒と話すことができます。オンラインミーティングの助けを借りて，世界中の人々とグローバルな関係を簡単にいち早く構築することができます。

【c】ア一方，オンラインミーティングには短所もあります。オンラインミーティングの参加者全員が電子機器を用意し，それらをインターネットに接続しなければなりません。また，オンラインミーティング中にトラブルが発生する場合もあります。例えば，オンラインミーティングがインターネットのトラブルで突然止まってしまうことがあります。そういうわけで，従来の対面でのミーティングには，依然として強みがあります。

　私たちにとってどちらのタイプのミーティングが良いのでしょうか？オンラインミーティングと対面でのミーティングでは長所が異なるので，この質問に答えるのは難しいです。ですから，誰かに会おうとするときには，その人の状況

を考慮し，それぞれの長所をふまえてオンラインミーティングか対面でのミーティングかを選ぶべきです。(4)ウ近い将来，私たちはより効果的で印象的なミーティングをするようになるでしょう。

4　【本文の要約】参照。

(1)①　・Why don't we ~?＝「～しませんか？」（一緒に何かをしようと提案する表現）

②　イ「お金」，ウ「情報」，エ「人々」は不適当。　・○○＋to～「～するための○○」（to 不定詞の形容詞的用法）

(2)　イ「私の自転車は壊れているの」，ウ「ごめんね，それは無理」，エ「車で行きたいな」は不適当。

(3)　アリアの5回目の発言「バスは歴史博物館のすぐ前に停車する」より，【Z】にはエ「バス停からほとんど歩かなくてよい」が適当。なお，【X】にはアリアの最初の発言よりイ「行く途中できれいな景色を楽しめる」が，【Y】にはアリアの3回目の発言よりア「あまり混んでいないだろう」が入る。

(4)　ア「水曜日のディナーは×午後5時30分に始まり午後10時に終わる」…Open Hours の From Monday to Thursday 参照。午後6時～9時の営業である。　イ○「アリアが訪れる予定のレストランのランチ営業は毎日同じ時間に始まる」…Open Hours 参照。From Monday to Friday も Saturday and Sunday も11時からである。　ウ「土曜日の夕方，アリアは×午後6時より前にレストランに入店することはできない」…Open Hours 参照。From Friday to Sunday のディナーは5時30分からである。　エ「ディナーにフライドチキンを食べたい場合，アリアは×10 ドル支払う必要がある」…Menu 参照。ディナーのフライドチキンは12ドルである。　オ○「ランチの魚のグリルの値段は，ディナーのスパゲッティの値段よりも高い」…Menu 参照。ランチの魚のグリルは16ドルで，ディナーのスパゲッティの15ドルよりも高い。　カ「アリアはステーキを食べる場合，スープ，サラダ，×アイスクリーム，そしてコーヒーか紅茶がもらえる」…※に「すべての食事にはスープ，季節の野菜，コーヒーまたは紅茶が付きます」とあるが，アイスクリームは付いていない。

【本文の要約】

早紀　：今度の土曜日は歴史博物館を訪れる予定だね。どうやって行こうか？

アリア：①イ自転車で行かない？（＝Why don't we go by bike?）1時間くらいかかるけど，(3)【x】イ公園のきれいな花を見て楽しめるよ。

早紀　：Aア言いたいことはわかる（＝I see what you mean）けど，私には大変かも。電車で行くのはどうかな？

アリア：電車で行く場合，そこには20分で着くよ。

早紀　：よさそうだね。電車賃はいくらかな？

アリア：ちょっとまってね…。4ドルだよ。つまり，往復で8ドル支払う必要があるよ。(3)【Y】ア電車内ではきっと座れるよ。

早紀　：よさそうだけど，少し高いね。アリア，バスで行くこともできる？

アリア：うん。バスの運賃は電車の運賃のちょうど半分だよ。でも，バスはいつも電車より混んでるよ。

早紀　：へえ，そうなんだね。バスだとどれくらい時間がかかる？

アリア：約30分だよ。(3)【z】エバスは歴史博物館のすぐ前に停車するの。

早紀　：それもいいね。アリア，行き方は私に決めさせてほしいな。

アリア：OK。決めていいよ。

早紀　：ありがとう。それについて少し考える②ア時間（＝time）をちょうだい。

アリア：もちろん。金曜日までに知らせてね。それと早紀，その日の夕方は私の両親が私たちと一緒にディナーを食べる計画を立てているよ。

早紀　：わあ，とてもうれしい！

═《2023　国語　解答例》═══════════════════

一　㈠ウ　㈡イ　㈢オ　四ア　㈤ウ

二　㈠①ア　②エ　㈡イ　㈢エ

三　㈠A. イ　B. カ　㈡ウ　㈢ア　四ウ　㈤ア, オ　㈥イ, エ

四　㈠ウ　㈡エ, カ　㈢イ　四エ

═《2023　数学　解答例》═══════════════════

1　(1)エ　(2)ウ　(3)ウ　(4)ア　(5)ウ　(6)イ　(7)ウ　(8)イ　(9)エ　(10)イ, ウ

2　(1)イ, ウ　(2)Ⅰ. オ　Ⅱ. ク　(3)①ウ　②エ

3　(1)ア. 6　イ. 6　(2)①ア. 3　イ. 4　②ウ. 2　(3)①ア. 2　イ. 4　②ウ. 7　エ. 0

═《2023　社会　解答例》═══════════════════

1　(1)①イ　②キ　(2)ウ　(3)ウ

2　(1)①ア　②エ　(2)③イ　④オ　⑤キ　(3)ア　(4)ウ

3　(1)①イ　②ウ　(2)Z③ア　④B　(3)⑤C　⑥⑦ア

4　(1)カ　(2)イ　(3)ア　(4)エ

5　(1)①エ　②オ　(2)エ, オ　(3)③ア　④エ　⑤カ　(4)⑥イ　⑦エ　(5)イ　(6)ウ

═《2023　理科　解答例》═══════════════════

1　(1)ア　(2)エ

2　(1)ア　(2)オ　(3)Ⅰ. ア　Ⅱ. エ　(4)カ

3　(1)エ　(2)イ　(3)オ　(4)説明文…ウ　グラフ…b

4　(1)ク　(2)カ　(3)ウ　(4)ア, オ

5　(1)イ　(2)ウ　(3)エ　(4)Ⅰ. イ　Ⅱ. エ　Ⅲ. ア

6　(1)Ⅰ. イ　Ⅱ. オ　(2)ケ

═《2023　英語　解答例》═══════════════════

＜聞き取り検査＞

第1問　1番. a. 誤　b. 誤　c. 誤　d. 正　　2番. a. 誤　b. 正　c. 誤　d. 誤
　　　　3番. a. 誤　b. 正　c. 誤　d. 誤

第2問　問1. a. 誤　b. 誤　c. 誤　d. 正　　問2. a. 誤　b. 誤　c. 正　d. 誤

＜筆記検査＞

1　(1)エ　(2)ウ　(3)イ

2　(1)ア　(2)1番目…カ　3番目…イ　5番目…エ

3　(1)ウ　(2)ア　(3)イ　(4)ウ　(5)①ア　②エ

4　(1)①ウ　②エ　③イ　(2)ウ　(3)ア　(4)ア, オ

《2023　国語　解説》

一 (二)　筆者は第一段落の冒頭で「生きて活動するということは、環境に負荷をかけることだと、人はたぶん本能的に自覚している」と述べている。この本能的な「自覚」を、傍線部①では「感受性」と言いかえている。よって、イが適する。

(三)　ア.「プラスチックやコンクリート」といった具体例や、「まるで、打ち寄せる波が砂浜をあらう 渚<ruby>渚<rt>なぎさ</rt></ruby> のように」という比喩などが省略されて記されているので、適当。　イ.第三段落の冒頭の「掃除とは、人為と自然のバランスを整える営みであることがわかる」という掃除の本質を述べた部分を、生徒の文章では「バランスを整える営みが掃除である」と適切に抜き出しているので、適当。　ウ.別の事がらを付け加える接続詞の「また」と、理由を示す接続詞の「だから」を用いて論理を分かりやすくしているので、適当。　エ.「人為と自然のバランスを整える」という掃除と庭に共通している点を的確に述べているので、適当。　オ.「だから」とあるが、その前に書かれている内容は、「日本の庭が技芸に仕上げられた理由」にはなっていないので、適当ではない。

(四)　ア.第一段落の「今日、僕らは眼前に現れた危機〜近づきつつある危機の予兆をまのあたりにして、地球という資源の限界に気づき、『持続可能性』などという殺伐とした言葉を口にするようになった」と一致する。

イ.「日本的な他者への思いやりを表現しており」以下が本文にない内容。　ウ.「文化や文明の力を最大限に引き出し」の部分が適さない。本文では、「歴史の中、文化の中に蓄積され、すでに人に内在しているはずの知恵や感受性に気づいてみること」の重要性を述べている。　エ.第五段落より、日本の空港でラグジュアリー（心地よさ）を感じるのは、「床にシミひとつないというような真新しさではなく、仮にシミができても、丹念に回復を試みた」というような「配慮」があるからなので、「シミひとつない新しさが保たれているから」の部分が適さない。

(五)　台風が多い高知の人は「自然の猛威から逃れるすべはなく、それを受け止めるべく暮らしの環境を整えてきた」。それを表すのが「沈下橋」である。本文には、自然は「放っておくと荒ぶる姿となって、人の営みを 蹂躙<ruby>蹂躙<rt>じゅうりん</rt></ruby> する」とある。そのような自然を、人間は、「掃除」によって「ほどほどに受け入れつつ、適度に排除しながら暮らしてきた」のである。そして「日本の庭」は、このような「掃除」の自然と人為の拮抗<ruby>拮抗<rt>きっこう</rt></ruby>とバランスを表現するものである。この内容に合う、ウが適する。

二 (二)　イの「厳粛」は、「厳<ruby>厳<rt>おごそ</rt></ruby>かな」という意味。　ア、ウ、エの「厳」は、「厳<ruby>厳<rt>きび</rt></ruby>しい」という意味で用いられている。

(三)　「発展を続けている」とあるので、エの「日進月歩」（月日と共に絶え間なく進歩していくこと）が適する。

三 (二)　「水を向ける」は、相手の関心をある方向へ向けるように誘いをかけること。ここでは、「僕」が、藤巻<ruby>藤巻<rt>ふじまき</rt></ruby>先生に「先週貸していただいた本、もうじき読み終わりそうです」と話しかけ、先生の興味を本に向けてしまったことを指す。

(三)　食事中の父（藤巻先生）との言い合いや、第四段落の「昔から知ってるもの。あのひとは、おれのことなんか興味がない」という和也<ruby>和也<rt>かずや</rt></ruby>の言葉から、和也が父に対してわだかまりを持っていたことが伝わる。しかし、父に絵のことを「ひさしぶりに見たいね。あれはなかなかたいしたものだよ」とほめられたとき、和也は「まんざらでもなさそう」であった。第四段落では、この時の和也の表情を、「雲間から一条の光が差すような、笑顔だった〜あんな笑みははじめて見た」と描写している。ところが、和也が絵を探して戻ってくると、本の話に夢中になった父は「おざなりな生返事をしたきり、見向きもしない」。さらに奥さんが和也に注意を向けようと呼びかけても、和也の絵のことには触れず、自分が使う紙と鉛筆を持ってきてくれるように頼むというありさまだった。この後、無言

で部屋を出ていった和也は「険しい目つき」で「ふてくされたような皮肉っぽい口ぶり」になってしまった。この様子から、父にほめられることへの期待と嬉しさが、失望へと変化したことが読み取れる。よって、アが適する。

㈣　「僕」は家庭教師を頼まれたとき、先生が「学校の成績をそう気にすることもないんじゃないか～得意なことを好きにやらせるほうが、本人のためになるだろう」と言っていたことを和也に教えた。藤巻先生はとても熱心な研究者だが、息子を絶対に学問の道に進ませたいと考えている様子でもなく、息子の気持ちを尊重している。僕は「わからないひとだよ、きみのお父さんは」と言いつつも、その後で、藤巻先生の言葉をそのままなぞるように「だからこそ、おもしろい」と思っていることから、藤巻先生に好感を持ち、魅力を感じていることがうかがえる。

㈤　ア．「知りたいからだ。気象のしくみを」「どうにもできなくても、知りたい」「（わからないことだらけ）だからこそ、おもしろい」などの藤巻先生の言葉から、気象のしくみを知りたいという純粋な好奇心が感じられるので、適する。　イ．「いつものことだと冷静に対応しています」「当然のことのように受け入れています」が適さない。奥さんは、先生が和也の絵に興味を示さなかったとき、「困惑顔」で「おろおろ」していた。　ウ．「両親に対しては反抗的」が適さない。和也が反抗心を見せるのは父に対してだけである。「甘えた態度」も読み取れない。エ．先生が和也をないがしろにしてしまったことに気づいている様子はないので、「先生はそのことを自覚して反省している」が適さない。　オ．先生が、和也が絵を持ってきても見向きもしなかったとき、奥さんは「困惑顔」で先生に呼びかけたが、先生は紙と鉛筆を持ってきてくれるよう頼んだだけだった。よって、奥さんも先生と和也の仲を取りもてていないと言えるので、適する。

㈥　イ．「はらはらした」「おろおろしている」などの擬態語が多く用いられ、登場人物の気持ちをわかりやすく表しているので、適する。　エ．「僕」の視点で描かれているので、適する。

四　㈠　「徳化」（徳によって感化すること）は、徳によって人々を教え導き、善に進ませるという意味。

㈡　それぞれの主語は、アが「袁安」、イが「魯恭」、ウが「キジ」、エとカが「肥親」、オが「児」（子供）である。「魯恭」は「恭」、「肥親」は「親」、「袁安」は「安」と略されていることに注意。

㈢　「実」は、「真実」という意味。「ざる」は打ち消しの助動詞「ず」の連体形。「犬牙の縁界も中牟に入らず」を「真実ではないのではないか」と疑ったのである。

㈣　肥親は、子供がキジを捕まえなかった理由を聞き、「徳化」が子供にも及んでいることを知り、驚いた。

【漢文の内容】

　　後漢の魯恭、字を仲康という者は、扶風平陵の出身である。粛宗皇帝の時、中牟県の長官に任じられた。もっぱら徳による感化で世を治めて、刑罰を命じなかった。地方に害虫が発生して田畑の穀物を荒らした。県境が複雑に入り組んだ場所でも害虫は中牟県内に入らなかった。河南郡の長官であった袁安はこのことを聞いて、それが真実ではないのではないかと疑い、仁恕という役職にあった肥親に中牟を視察させた。魯恭はあぜ道を（肥親に）付き従って歩き、一緒に桑の下に座った。キジが目の前を通り過ぎてそのそばに止まった。そばに子供がいた。肥親は「坊やはどうしてキジを捕まえないのかね」と聞いた。子供は「キジがひなを連れているからです」と言った。肥親は、驚いて立ち上がり、魯恭と別れる際に「（私が中牟に）来た理由は、あなたの治政を視察しようと思ったからです。このたびの害虫は中牟県内に侵入せず、徳は鳥や獣にも及び、子供にも思いやりの心が備わっています。三つの不思議なことです」と言った。郡の役所に帰り書状で袁安に報告した。

1 (1) 与式 $= 6 - (-2) = 6 + 2 = \mathbf{8}$

(2) 与式 $= \dfrac{3(3x-2) - 2(2x-3)}{18} = \dfrac{9x - 6 - 4x + 6}{18} = \dfrac{\mathbf{5}}{\mathbf{18}}\mathbf{x}$

(3) 与式 $= \dfrac{6x^2 \times 27xy^2}{9x^2y^2} = \mathbf{18x}$

(4) 与式 $= (\sqrt{5} - \sqrt{2}) \times \sqrt{4}\,(\sqrt{5} + \sqrt{2}) = 2(\sqrt{5} - \sqrt{2})(\sqrt{5} + \sqrt{2}) = 2(5 - 2) = 2 \times 3 = \mathbf{6}$

(5) 与式より，$x^2 - 6x + 9 + x - 15 = 0$　　$x^2 - 5x - 6 = 0$　　$(x+1)(x-6) = 0$　　$\mathbf{x = -1,\ 6}$

(6) 【解き方】1次関数は $y = ax + b$ と表せる（a，b は定数）。$b = 0$ のとき，つまり $y = ax$ のときは1次関数の特別な形で，x と y は比例しているが，比例は1次関数に含まれる。

ア．$x \times y = 100$ より $y = \dfrac{100}{x}$ だから，反比例である。　　イ．$y = x \times 3$ より $y = 3x$ だから比例（1次関数）である。

ウ．$y = \pi x^2$ だから，y は x の2乗に比例する。　　エ．$y = x^3$ である。

よって，1次関数は**イ**である。

(7) 【解き方】2枚ある1を $\boxed{1}$ と $①$ と表して区別する。

1枚目の引き方は4通り，2枚目の引き方は残り3枚だから3通り，3枚目の引き方は残り2枚だから2通りあるので，3枚の引き方は全部で，$4 \times 3 \times 2 = 24$（通り）ある。

できる整数が213以上となる引き方のうち1枚目に3を引く引き方は，2枚目の引き方が3通り，3枚目の引き方が2通りあるから，$3 \times 2 = 6$（通り）ある。

できる整数が213以上となる引き方のうち1枚目に2を引く引き方は，

（1枚目，2枚目，3枚目）$=$（2，3，$\boxed{1}$）（2，3，$①$）（2，$\boxed{1}$，3）（2，$①$，3）の4通りある。

よって，213以上となる引き方は全部で $6 + 4 = 10$（通り）あるから，求める確率は，$\dfrac{10}{24} = \dfrac{\mathbf{5}}{\mathbf{12}}$

(8) ア．n が偶数のとき $n - 2$ は偶数となる。　　イ．$4n$ は必ず偶数になるから，$4n + 5$ は必ず奇数になる。

ウ．$3n$ は n が偶数のとき偶数になる。　　エ．n^2 は n が奇数のとき奇数になり，そのとき $n^2 - 1$ は偶数になる。

よって，**イ**が正しい。

(9) 【解き方】（変化の割合）$= \dfrac{(y \text{の増加量})}{(x \text{の増加量})}$ で求める。

$y = 2x^2$ において，$x = 1$ のとき $y = 2 \times 1^2 = 2$，$x = 3$ のとき $y = 2 \times 3^2 = 18$ だから，x が1から3まで増加するときの変化の割合は，$\dfrac{(y \text{の増加量})}{(x \text{の増加量})} = \dfrac{18 - 2}{3 - 1} = 8$　　ア～エはすべて1次関数だから，変化の割合は常にグラフ（直線）で表したときの傾きと等しいので，変化の割合が8になるのは**エ**である。

(10) ア．異なる2点を含む平面は，右図アのようにたくさんある。2点を通る直線を軸に平面を回転できることをイメージしたい。

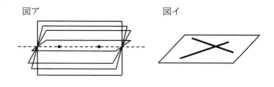

図ア　　　　　　　　図イ

イ．交わる2直線を含む平面（図イ）を回転させようとすると，必ずどちらかの直線を含まなくなるので，正しい。

ウ．平行な2直線を含む平面（図ウ）を回転させようとすると，必ずどちらかの直線を含まなくなるので，正しい。

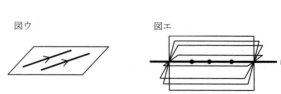

図ウ　　　　　　　　図エ

エ．図エの直線 ℓ 上にある3点を含む平面は，たくさんある。直線 ℓ を軸に平面を回転できる。

よって，正しいものは**イ**，**ウ**である，

2 (1) 【解き方】箱ひげ図からは，右図のようなことがわかる。半分にしたデータ（記録）のうち，小さい方のデータの中央値が第1四分位数で，大きい方のデータの中央値が第3四分位数となる。

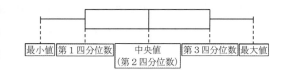

ア．（範囲）＝（最大値）－（最小値）だから，A組よりB組の方が範囲が大きいので，正しくない。

イ．（四分位範囲）＝（第3四分位数）－（第1四分位数）だから，A組は $30-15=15$（m），B組は $35-20=15$（m）なので，正しい。

ウ．中央値はともに25mだから，正しい。

エ．35mはB組の第3四分位数である。大きい方の $32÷2=16$（個）のデータの中央値が第3四分位数だから，大きい方から $16÷2=8$（番目）と9番目の平均が第3四分位数である。したがって，B組で35m以上の人は8人以上いる。A組の第3四分位数は30mだから，35m以上の人が9人以上いることはない。したがって，正しくない。

オ．25mはどちらの組も中央値だから，25m以上の人はどちらの組も16人以上いる。32人の中央値が25mだから，小さい方から16番目と17番目の平均が25mなのだが，小さい方から16番目や15番目が25mの可能性もあるし，そうでない可能性もある。よって，正しいとはいえない。

以上より，イ，ウが正しい。

(2) 証明の穴埋め問題では，すでに書かれていることがヒントになるのでそれをよく読んで，論理的な説明になるように空欄を埋めていこう。答えがすぐにわからない場合は，仮定を図にかきこみ，問題の内容に応じて，図形の性質，平行線の同位角・錯角，円周角の定理などからわかることも図にかきこんで，答えを考えよう。

(3)① $x=6$ のとき，Pは $1×6=6$（cm）動いて，Dから $6-4=2$（cm）離れているから，$y=4-2=2$（cm）

② 【解き方】xとyの関係を表すグラフをかく。また，横軸に出発してからの時間，縦軸にBQの長さを表すグラフもかく。AB//PQとなるのは，AP＝BQのときだから，2つのグラフが交わるところが，AB//PQとなるときである。

Pは $4÷1=4$（秒）ごとに折り返すから，APの長さは4秒ごとに4cm→0cm→4cm→0cm……，を繰り返す。

Qは $6÷2=3$（秒）ごとに折り返すから，BQの長さは3秒ごとに0cm→6cm→0cm→6cm……，を繰り返す。

したがって，2つのグラフは右図のようになる（実線がAPのグラフ，点線がBQのグラフ）。12秒後までにグラフは4回交わるから，AB//PQとなるのは4回である。

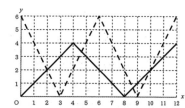

3 (1) 【解き方】右のように作図する。円周角は，同じ弧に対する中心角の半分の大きさになることを利用する。

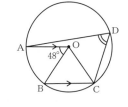

平行線の錯角は等しいから，∠OBC＝∠AOB＝48°

△OBCはOB＝OCの二等辺三角形だから，∠BOC＝180°－48°×2＝84°

∠ADC＝$\frac{1}{2}$∠AOC＝$\frac{1}{2}$（48°＋84°）＝66°

(2)① 【解き方】EがABの中点でFE//DBだから，中点連結定理より，FはADの中点である。

AF＝10÷2＝5（cm），AE＝6÷2＝3（cm）だから，三平方の定理より，

FE＝$\sqrt{AF^2+AE^2}$＝$\sqrt{5^2+3^2}$＝$\sqrt{34}$（cm）

② 【解き方】△DGHと△DFCは，底辺をそれぞれ

(18)

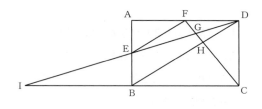

ＧＨ，ＦＣとしたときの高さが等しいから，面積比は
ＧＨ：ＦＣと等しくなる。したがって，ＧＨ：ＦＣと
△ＤＦＣの面積を求める。右のように作図する。

ＡＢ／／ＤＣより，△ＩＥＢ∽△ＩＤＣで相似比が
ＥＢ：ＤＣ＝１：２だから，ＩＢ：ＩＣ＝１：２　　ＩＢ：ＢＣ＝１：（２－１）＝１：１　　ＩＣ＝１０×２＝２０(cm)
ＡＤ／／ＩＣより，△ＦＤＧ∽△ＣＩＧだから，ＦＧ：ＣＧ＝ＦＤ：ＣＩ＝５：２０＝１：４　　$FG = \frac{1}{1+4}FC = \frac{1}{5}FC$
ＡＤ／／ＩＣより，△ＦＤＨ∽△ＣＢＨだから，ＦＨ：ＣＨ＝ＦＤ：ＣＢ＝５：１０＝１：２　　$FH = \frac{1}{1+2}FC = \frac{1}{3}FC$
したがって，$GH = FH - FG = \frac{1}{3}FC - \frac{1}{5}FC = \frac{2}{15}FC$だから，ＧＨ：ＦＣ＝２：１５
$\triangle DFC = \frac{1}{2} \times 5 \times 6 = 15$(cm²)，△ＤＧＨ：△ＤＦＣ＝ＧＨ：ＦＣ＝２：１５だから，
$\triangle DGH = \frac{2}{15}\triangle DFC = \frac{2}{15} \times 15 = \textbf{2}$(cm²)

(3)① 【解き方】台形ＡＢＣＤに右のように作図する。△ＡＩＤと△ＢＪＣは直角

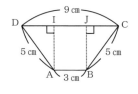

三角形でＡＤ＝ＢＣ，ＡＩ＝ＢＪだから，△ＡＩＤ≡△ＢＪＣである。
ＤＩ＝ＣＪだから，ＣＪ＝（９－３）÷２＝３(cm)
三平方の定理より，$BJ = \sqrt{5^2 - 3^2} = 4$(cm)
よって，台形ＡＢＣＤの面積は，$\frac{1}{2} \times (9+3) \times 4 = \textbf{24}$(cm²)

② 【解き方】右のように作図し，三角すいＢ－ＦＬＧと三角すいＡ－ＥＫＨと

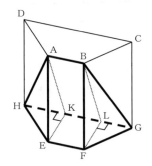

三角柱ＢＦＬ－ＡＥＫの体積の合計を求める。
台形ＡＢＣＤと台形ＥＦＧＨは合同で，①の図のＩ，Ｊと右図のＫ，Ｌは対応し
ているから，△ＦＬＧ≡△ＥＫＨである。したがって，三角すいＢ－ＦＬＧと
三角すいＡ－ＥＫＨは体積が等しい。ＬＧ＝３cm，ＦＬ＝４cm，ＢＦ＝７cmだか
ら，三角すいＢ－ＦＬＧの体積は，$\frac{1}{3} \times (\frac{1}{2} \times 3 \times 4) \times 7 = 14$(cm³)
∠ＢＦＬ＝９０°だから，$\triangle BFL = \frac{1}{2} \times FL \times BF = \frac{1}{2} \times 4 \times 7 = 14$(cm²)
したがって，三角柱ＢＦＬ－ＡＥＫの体積は，１４×３＝４２(cm³)
よって，求める体積は，１４×２＋４２＝**70**(cm³)

═ 《2023 社会 解説》 ═

1 (1)① 「奈良時代」より，遣唐使が派遣されていたことからもわかるように，この頃の中国の王朝は唐である。
(2) Ⅱの都市は三方を山に囲まれ，南が海となっているので，鎌倉幕府がおかれていた鎌倉であると判断する。ア
は江戸時代の江戸，イは安土桃山時代の堺や博多，エは平安時代の京都。
(3) Ⅲは出島である。　③ 江戸時代，キリスト教が禁止され，カトリックの国であり，布教を行うスペインやポル
トガルの来航が禁止されるなか，プロテスタントの国で，布教を行わなかったオランダは，出島でのみ交易を許
された。　④ フランスでは1789年に人権宣言が発表された。1776年に発表されたアメリカの独立宣言と間違え
ないようにしよう。

2 (1)① Ａは1889年，Ｂは1895年，Ｃは1904年なので，明治時代後半のようすとしてアが正しい。イ．中央集権
化が進められたのは，大日本帝国憲法が発布されるより前の，明治時代初頭の頃なので誤り。また，当時の中国の
王朝である清は1636年より続いていて，この時期に中国で成立した統一国家ではなく，清が中央集権化に直接的
な影響を与えたとはいえない。ウ．昭和時代の高度経済成長期の頃の記述。　② Ⅰのグラフより，発行部数の対
前年比はＡからＢの間で100％を下回った年がないので，エが正しい。

(2)③　五・四運動はパリ講和会議での決議への抗議として，中国で 1919 年に起こった反日運動をきっかけとして広まった，反帝国主義運動である。同年朝鮮で，日本からの独立を求めて行われた三・一独立運動と間違えないようにしよう。　④　「関東軍」「国際連盟による調査（＝リットン調査団による調査）」から，1931 年の満州事変（オ）と判断する。　⑤　Ｅは 1933 年のできごとなので，1919 年〜1933 年の間であり，1927 年から発生した金融恐慌（キ）が正しい。クは太平洋戦争中，ケは太平洋戦争後のできごと。

(3)　Ⅳの記事の見出しを見ると，右から読めば「北鮮，韓國に宣戦布告」となって意味がわかる。この見出しから，敗戦以降である 1950 年に起こった朝鮮戦争だと判断する。

(4)　陪審法は 1928 年から 1943 年に実施された。選挙権の要件の変更については右表。

選挙法改正年 （主なもののみ抜粋）	直接国税の要件	性別による制限	年齢による制限
1889 年	15 円以上	男子のみ	満 25 歳以上
1925 年	なし	男子のみ	満 25 歳以上
1945 年	なし	なし	満 20 歳以上
2015 年	なし	なし	満 18 歳以上

3　(1)①　Ｘに含まれる都道府県は，人口が少なく，市町村の減少割合が高い（＝多くの市町村で合併が行われた）ことが読み取れる。　②　人口が少ないＡ・ＢではＰは高く，Ｑは少なくなっていて，人口が多いＣ・Ｄでは逆になっているので，Ａ・Ｂが地方でＸに含まれる都道府県，Ｃ・Ｄが都市部でＹに含まれる都道府県であると判断する。都市部に比べ，地方では高齢化が進んでいるので，Ｐはウと判断する。Ａは秋田県，Ｂは鳥取県，Ｃは千葉県，Ｄは神奈川県である。

(2)Ｚ　「つくる責任　つかう責任」は持続可能な生産や消費を目指すものであり，省エネルギーや廃棄物の削減などがあてはまるので，誤り。　③　工場の海外移転は産業の空洞化をまねき，地域の産業を衰退させるので誤り。

(3)⑤　「県庁所在地の東方に位置し」「太平洋に面して」より，千葉県と判断する。　⑥　ａの周辺は標高が低く，海岸までの距離は 300ｍ程度となっているので，津波避難タワーが建てられていると判断する。　⑦　ｂの周辺は海岸に比べて標高が高くなっており，津波浸水想定地域になっていない。

4　(1)　人口が最も少ないＡが北アメリカ，人口が最も多いＣがアジア，残ったＢがアフリカと判断する。

(2)　①はレポートの「衛生施設が整備されていない」より，生活用水だと判断する。衛生施設が整備されると，食器洗い，洗濯，水洗トイレ，風呂などに多くの水道水を利用するようになるため，一人当たりの生活用水は多くなる。Ⅱの資料より，Ｙは生活用水，Ｘは農業用水となる。

(3)　日本における大豆の自給率はかなり低いことは覚えておこう。大豆の自給率は６％程度（食品用に限ると 20％程度）である。よって，Ｅは大豆である。残ったＤ，Ｆのうち，米があまり栽培されていないヨーロッパからの輸入の割合が多いＦがバターであり，Ｄは米である。

(4)　アは「ヒマラヤ山脈」「ヒンドゥー教」よりアジア，イは「イベリア半島」よりヨーロッパ（の西側），ウは「ロッキー山脈」より北アメリカ，エは「世界第３位の面積をもつ湖」より，ビクトリア湖であり，アフリカ（の東側）である。よってア→エ→イ→ウとなる。アはインドのバラナシ，イはスペインのアルハンブラ宮殿，ウはアメリカ合衆国のグランドキャニオンの写真。

5　(1)①　アは奈良時代，イは平安時代，ウは飛鳥時代の記述。　②　道路本体の建設費を抑えたかどうかはわからないので，カは誤り。鳴門ＩＣは古墳群の東側に設置されているので，キ・クは誤り。

(2)　エ．国・地方どちらも選挙権は満 18 歳以上である。オ．市議会議員選挙の被選挙権があるのは満 25 歳以上である。

(4)⑥　表１は道路施設の老朽化について，図１は道路などの維持管理・更新のための費用についての資料なので，アの電気自動車の増加，ウの食料自給率の低下は関係がない。　⑦　図１に示されている「予防保全」は，表２の選択肢の「傷が小さいうちに予防的に補修し，長持ちさせる」にあてはまり，41.1％と最も割合が高い。表３で割合が高い「災害に備えた対策」「狭い道路や急カーブの改良」は，災害対策や，事故防止のためのものである。

(5)⑨　保守・維持業者は，道路管理者である行政機関から委託を受けた，民間企業である。

(6)⑩⑪　各銀行の国債を買う買いオペレーションは，国や地方公共団体ではなく，日本銀行の金融政策(公開市場操作)の１つなので誤り。ブロック経済は外国の商品に高い関税をかける政策なので誤り。

━《2023　理科　解説》━

1　(1)　同じ時刻に見える恒星の位置が少しずつ変化するのは，地球の公転によって起こる現象である。なお，恒星の位置が時間とともに少しずつ変化するのは，地球の自転によって起こる現象である。

(2)　一般的に，物質の温度が下がることで，物質の体積は小さくなり，質量は変化しないので，〔密度(g/cm^3)＝$\frac{質量(g)}{体積(cm^3)}$〕で求められる密度は大きくなる。固体のエタノールは液体のエタノールよりも密度が大きいので，固体を液体の中に入れると固体は沈む。

2　(1)　双子葉類の茎の維管束は輪状に分布し，根は主根と側根に分かれている。一方，単子葉類の茎の維管束はまばらに分布し，根はひげ根になっている。

(2)　対物レンズの倍率を40倍にしたので，顕微鏡で観察するときの倍率は10×40＝400(倍)になる。倍率が大きくなるほど，狭い範囲を拡大して見ることになるので，視野の中に見える気孔の数は減り，視野の明るさは暗くなる。

(3)　ワセリンを塗った部分からは水が蒸散しない。蒸散する部分は表iの通りである。よって，Ⅰは，Aの水の減少量が，Bの水の減少量よりも大きいことからわかる。また，Ⅱについては，BとCの水の減少量の差(16.0 cm³)よりAの水の減少量の方が大きいことから，葉以外の部分(茎)からも蒸散が起こっているとわかる。

表 i

	蒸散する部分	水の減少量〔cm³〕
A	葉の裏側＋茎	26.2
B	葉の表側　　＋茎	20.2
C	葉の表側＋葉の裏側＋茎	36.2

(4)　(3)解説より，葉の裏側から蒸散した量は16.0 cm³，葉の表側から蒸散した量は，C－Aより36.2－26.2＝10.0(cm³)だから，16.0÷10.0＝1.6(倍)となる。

3　(1)　石灰石に塩酸を加えると二酸化炭素が発生する。アでは水素，イではアンモニア，ウでは塩素，エでは二酸化炭素が発生する。

(2)　化学反応式を見ると理解しやすい。例えば水の分解の化学反応式〔$2H_2O \rightarrow 2H_2 + O_2$〕では，化学変化の前後で，水分子が水素分子と酸素分子に分かれて原子の組み合わせは変化するが，水素原子の数と酸素原子の数は変化しないことがわかる。

(3)　発生した気体の質量は反応前の全体の質量と反応後の全体の質量の差である。Aでは75.00－74.56＝0.44(g)，Bでは76.00－75.12＝0.88(g)，Cでは77.00－75.90＝1.10(g)の気体が発生し，D～Fの気体発生量はCと変わらない。よって，塩酸15 cm³とちょうど反応する石灰石の質量は$1.00 \times \frac{1.10}{0.44} = 2.50$(g)である。AとEを混ぜ合わせたとき，合計で塩酸15×2＝30(cm³)に石灰石1.00＋5.00＝6.00(g)を加えたのと同じだから，石灰石6.00 gとちょうど反応する塩酸は$15 \times \frac{6.00}{2.50} = 36$(cm³)であり，塩酸を36－30＝6(cm³)加えればよい。

(4)　同じ量で2倍の濃さの塩酸を用いたので，(3)解説より，ちょうど反応する石灰石の質量は2倍の2.50×2＝5.00(g)となる。また，そのとき発生した気体の質量も2倍の1.10×2＝2.20(g)となるので，グラフはbを選ぶが，石灰石1.00 gあたりで発生する気体の質量は，もとの濃さのときと変わらない。

4　(1)　1秒間に60回打点する記録タイマーでは，6打点にかかる時間が0.1秒になるので，各区間を進むのにかかる時間は0.1秒である。C～Dの区間では，台車が9.6－6.3＝3.3(cm)進んだので，平均の速さは$\frac{3.3}{0.1} = 33$(cm/秒)となる。

(2)　各区間の紙テープの距離はOA間が1.5 cm，AB間が3.6－1.5＝2.1(cm)，BC間が6.3－3.6＝2.7(cm)，C

Ｄ間が 9.6－6.3＝3.3(㎝)だから，紙テープの距離は 0.6 ㎝ずつ長くなっていることがわかる。よって，ＣＤ間の次のＤＥ間の紙テープの長さは3.3＋0.6＝3.9(㎝)，ＥＦ間は3.9＋0.6＝4.5(㎝)となるので，ＯＦ間の距離は9.6＋3.9＋4.5＝18.0(㎝)となる。

(3) 力学的エネルギーは位置エネルギーと運動エネルギーの和であり，摩擦や空気抵抗を考えなければ常に一定になる。位置エネルギーは高さと質量に比例するので，②のａで手をはなした瞬間に最も大きくなる。小球が低い地点に移動するほど，位置エネルギーが運動エネルギーに移り変わる。よって，②で最も低い地点を通過するｂでの運動エネルギーが最も大きい。

(4) イ×…ａでの位置エネルギーが最も大きい。　ウ×…力学的エネルギーは一定である。　エ，カ×…実験3の③では，ａから勢いをつけて小球を押し出したので，最高点で小球がもつ位置エネルギーは②よりも大きく，ｄで移り変わる運動エネルギーも③の方が大きい。物体がもつ運動エネルギーが大きいほど速さが速いので，③の方が速い。

5 (1) アは快晴，イは晴れ，ウはくもり，エは雨である。

(2) 温暖前線が通過すると，気温が上がり，風向が南寄りに変わる。また，寒冷前線が通過すると，気温が急激に下がり，風向が北寄りに変わる。表1より，温暖前線が通過したのは3月20日の6時から12時までの間，寒冷前線が通過したのは3月21日の3時から9時までの間である。

(3) 表1より，3月21日9時の気温は13.0℃，湿度は45％である。乾球の示す温度は気温と等しいので，表2より乾球の温度が 13℃，湿度が 45％のときの乾球と湿球の温度の差は 5.0℃とわかる。よって，湿球の示す温度は13－5.0＝ 8 (℃)である。

(4) 3月20日9時の気温は10.0℃，3月20日15時の気温は19.0℃，3月21日15時の気温は10.7℃である。同じ湿度ならば，気温が高いほど飽和水蒸気量が多いので，多くの水蒸気を含んでおり，露点が高くなる。よって，露点が最も高いのは3月20日15時で，表3より，19.0℃の飽和水蒸気量は 16.3 g／㎥だから，空気 1 ㎥あたりの水蒸気量は16.3×0.54＝8.802(g／㎥)であり，露点は9℃とわかる。

6 (1) 精子や卵などの生殖細胞が作られるとき，染色体の数が半分になる減数分裂が行われるので，雄の生殖細胞はイである。雄の生殖細胞と雌の生殖細胞が合体して受精卵になって元の染色体の数に戻るので，受精卵はオである。

(2) 図2ではＡとＢが並列つなぎになっているので，③でそれぞれの電熱線にかかる電圧は①，②のときと等しい。電熱線が並列つなぎのとき，電源装置を流れる電流は，それぞれの電熱線を流れる電流の和になるので，電圧計の示す値が 3.0Ｖのとき，図4より電流計が示す値は 30＋60＝90(㎃)となる。一方，図3では，ＡとＢが直列つなぎになっているので，それぞれの電熱線にかかる電圧の合計が 3.0Ｖになる。ＡとＢを流れる電流は等しいので，図4より電流計が示す値が 20㎃ のとき電圧が 1.0Ｖと 2.0Ｖで合計 3.0Ｖになることがわかり，電流計の示す値は20㎃ となる。よって，$\frac{90}{20}$＝4.5(倍)となる。

━━《2023　英語　解説》━━━━━━━━━━━━━━━━━━━

＜聞き取り検査＞

第1問

1番　問い「彼らはどこで話していますか？」…店員「ＡＢＣモールへようこそ。お手伝いしましょうか？」→女性「はい，お願いします。私は新しいサッカーボールを買いたいです。どこにありますか？」→店員「かしこまりました。スポーツ店にあります。2階にあります。そのカフェのそばの階段をのぼると，すぐにお店に着きますよ」の流れより，ｄ「彼らはショッピングモールにいます」が正しい。

2番 問い「マイクは次に何と言うでしょうか?」…女性「もしもし,ミドリ駅でございます」→マイク「もしもし,マイク・ブラウンと申します。昨日,駅で時計をなくしてしまったようです」→女性「ああ,それは大変です。どのような見た目ですか?」の流れより,b「青くて丸いです」が正しい。

3番 問い「この会話について,正しいのは何ですか?」…グリーンさん「おはようございます,ベイカーさん」→ベイカーさん「おはようございます,グリーンさん。私はこの2冊の本をあなたの図書館から借りて,2日で読み終えました。もう1冊借りられますか?」→グリーンさん「もちろんです。10冊借りることができます」より,b「彼らは借りることができる本の数について話しています」が正しい。

第2問 【放送文の要約】参照。

問1 問い「先月,何がありましたか?」…d「コウタは老人に市役所への道を教えました」が正しい。

問2 問い「このスピーチに最適なタイトルは何ですか?」…c「なぜ私は英語を一生懸命勉強するのか」が正しい。

【放送文の要約】

　こんにちは,コウタです。5年ほど前,私は学校で英語を勉強し始めました。その時,私は恥ずかしくて英語を話せませんでした。問1 d 先月,ある老人が私に英語で市役所に行く道を尋ねました。最初は緊張しましたが,道案内ができてとても満足しました。問2 c それから私はもっと英語を勉強することに決めました。ありがとうございました。

<筆記検査>

1 【本文の要約】参照。

(1) ア「レシピ本」,イ「英語の辞書」,ウ「天気予報」は不適当。

(2) ア「教室でまさに『おはよう』と言おうとしていました」,イ「門の近くの道をふさいでいました」,エ「門の近くで音楽を聴いていました」は不適当。　・be about to～「まさに～しようとしている」

(3) ア「何て親切な犬なんだろう」,ウ「何て新しい高校なんだろう」,エ「何て素敵な自転車なんだろう」は不適当。

【本文の要約】

ジェームス：何を読んでるの?

麻美　　　：高校生のよい行いについての(1)エ新聞記事を読んでいるよ。

ジェームス：なるほど。何て書いてあるの?

麻美　　　：ある朝,目が見えない人が盲導犬と一緒に校門の近くを散歩していて,自転車に乗った生徒が数人,(2)ウ校門の前でまさに彼らを追い越そうとしていたんだって。

ジェームス：よい行いは何だったの?

麻美　　　：もう少し私の話を聞いて。生徒たちは彼と犬に気づいて,彼が安全に歩き続けられるように,自転車に乗るのをやめて歩き始めたの。

ジェームス：わあ,すごく親切だね!(3)イ何てすばらしい朝なんだ!きっと生徒たちは1日気持ちがよかったと思うよ。

2 (1) 週末の予定「私は土曜日に友達とブルーマウンテンに行く計画を立てていました①アが(=Though),②ア計画を変更し(=we changed our plan),日曜日にそこに行くことにしました。土曜日は雨が降りそうなので,家でDVDを見るつもりです。また,土曜日の朝雨が降り始める前に犬の散歩に行くつもりです。なぜなら,次の日は忙しいからです」

(2) Also, I'm going to walk our dog on <u>Saturday morning</u> before <u>it</u> starts <u>to</u> rain, because I'll be busy the next day.：直後の「次の日は忙しいので」より,日曜日はブルーマウンテンに行く予定で忙しいので,土曜日の朝の雨が降る前に犬の散歩を済ませておくということである。before ～「～する前に」は接続詞で前後の文をつないでいる。

3 【本文の要約】参照。

(1) 前後の内容から，ウ「不思議に思う」が適当。

(2) 【a】の段落では森林のダムのようなはたらき，【b】の段落では森林の地面を固定するはたらき，【c】の段落では森林の地球温暖化を防止するはたらきについて書かれている。【a】はイ，【b】はア，【c】はウが入る。

(3) ア「×日本の森林の3分の2は互いに関わり合っています」 イ○「森林のおかげで，雨水は私たちの生活用水に変わります」 ウ×「地球上の森林はますます多くの二酸化炭素を排出しています」…本文にない内容。 エ×「森林では，生活用水は林業によって保護されています」…本文にない内容。

(4) ア×「森林の木は会社，草原，町のために水を作ります」…本文にない内容。 イ「×ダムの雨水は森林の下の地面に入ります」 ウ○「雨が降ると，木のない土地の方が土砂災害が起こりやすいです」 エ「林業は×1年の間に木々を育て，伐採し，使用し，再び植えることを続けています」

(5) 第4段落では，地球温暖化を防止するための森林のはたらきについて書かれている。①にはア「二酸化炭素」②にはエ「地球温暖化の防止」が入る。

【本文の要約】

日本に住むたくさんの人々にとって，水を得るのは簡単なことです。しかしみなさんは水がどこから来るのか不思議に思うことはありませんか？それは森林から来ます。そして森林は日本の国土の約3分の2を占めています。(3)イ森林は水を放出し，私たちはそれを産業，農業，私たちの日常生活などに使用します。森林と水は互いに関わり合っています。

【a】イ森林はダムのようです。ダムは雨水や川の水をため，いつでも水を放流する施設です。森林も同じ役割を担っています。(3)イ雨水は森林の下の地面に入り，地面を通る間にきれいな水になります。地面は地下水として水を保持し，水はゆっくりと川に注がれます。

【b】ア森林が国土の安全を保っています。森林の中には多くの木があり，木の根は地中に伸びます。(4)ウ雨が降ると木は雨水を吸収し，地面をしっかり固定してくれます。森林がなければ，日本では降雨による土砂災害が多くなるでしょう。

【c】ウ森林は地球温暖化を防止します。その主な原因のひとつが二酸化炭素です。科学者によると，大気中の二酸化炭素の量がますます増えているということです。地球はだんだん温かくなってきています。木は成長するときに二酸化炭素を吸収し，酸素を放出します。二酸化炭素を何年も閉じ込めています。木から切り取った木材も同じです。そのため，木材を1本でも使うことは環境を守るために大切なことです。

森林のない生活を想像できますか？森林がなければ，今後さらに多くの土砂災害や環境問題を心配しなければならないでしょう。水を手に入れるのはさらに難しくなるでしょう。森林はみなさんの生活用水を放出します。多くの森林が林業によって保護されていることを覚えておくべきです。林業は50~100年の間に木を育て，伐採し，使用し，再び植えるという循環を繰り返すことで，森林の安全性を維持しています。林業は持続可能な産業なのです。

4 【本文の要約】参照。

(1)① ・go to ~「～へ行く」 ② 前置詞 after の直後は~ing にする。 ・take baths「ふろに入る」

③ ・remind A of B「AにBを思い出させる」

(2) ア「私の観点では」 イ「それゆえ」 エ「私の意見では」

(3) 日本のふろの歴史についての情報を得るためにやることだから，ア「情報がない。だから，土曜に太一に聞いてみよう」が適当。

(4) ア「太一は8月に博物館に行けば，最も長く滞在することができます」…Opening Times「開館時間」より，3月1日～10月31日までの開館時間が9時から18時で最も長いので正しい。 イ「訪問者は12月の9時に博物

館に入ることができます」…Opening Times より，12 月は 9 時 30 分開館だから誤りである。　ウ「12 月 25 日にこの博物館を訪れることは，太一にとってワクワクします」…Opening Times の表の下の※より，12 月 25 日は休館日だから誤りである。　エ「博物館の平日のチケット価格は，週末のチケット価格より高くなります」…Tickets & prices より，すべての年齢で，週末のチケット価格の方が高いので誤りである。　オ「16 歳の訪問者は 12.50 ポンドまたは 10.00 ポンドを支払って博物館に入場します」…Tickets & prices の Child(6-18)より，正しい。　カ「12 月には，19 歳以上のすべての訪問者は，週末に 19.00 ポンド支払う必要があります」…Tickets & prices の Student(19+)と Adult(19+)より，19 歳以上の学生以外は 20.00 ポンド支払う必要があるので誤りである。

【本文の要約】

デイビッド：やあ，太一，週末はどうだった？

太一　　　：僕は昨日，家族と銭湯①ゥに行ったよ（＝went to）。

デイビッド：銭湯？それは何？

太一　　　：それは公共の大浴場だよ。同じ建物の中に，さまざまな種類のふろやレストラン，雑誌や漫画を読む場所があるんだ。

デイビッド：君と家族はそこで長い時間過ごしたんだね？

太一　　　：そうだよ，②ェふろに入った（＝taking baths）後に夕食を食べたよ。

デイビッド：良い週末を過ごせたね。(A)ゥ一方で（＝On the other hand），僕は何もすることがなくて退屈だったよ。去年の夏に家族旅行でバースに行ったことを思い出したよ。

太一　　　：家族でバースに旅行に行ったの？

デイビッド：そうだよ，バースはイギリスで観光客に最も人気のある場所のひとつなんだ。ロンドンの西，約 160 キロのところにあるよ。イギリスでは，温泉があるのはバースだけだって聞いたことがあるよ。僕たちはそこで素晴らしい時間を過ごしたんだ。

太一　　　：なるほど！僕の週末の話で家族旅行のことを思い出したんだね？

デイビッド：その通り！2000 年ほど前，バースにはいろいろな種類のふろがあったんだってさ。

太一　　　：へえ，バースには長い歴史があるんだね。それについてもっと知りたいよ。さて，デイビッド，今度の土曜日に自転車で一番近くの銭湯に行こうか？

デイビッド：もちろん！日本の銭湯も体験してみたいよ。

═《2022 全日制課程A 国語 解答例》════

一 ㈠エ ㈡イ ㈢ウ ㈣言葉を用いて思考し、ものごとを認識するため、その言葉をつくり出した時代の考え方に支配される可能性があるから。 ㈤ウ ㈥エ

二 ㈠①ただよ ②増減 ㈡ア

三 ㈠ア ㈡ウ ㈢イ ㈣ア ㈤イ，エ

四 ㈠ア ㈡ウ ㈢エ ㈣イ

═《2022 全日制課程A 数学 解答例》════

1 (1)2 (2)$-\dfrac{5}{18}$ (3)$10x$ (4)4 (5)-6，3 (6)イ，エ

(7)8 (8)$3x$ (9)$\dfrac{9}{25}$ (10)14

2 (1)$(-8,0)$，$(2,0)$ (2)Ⅰ.$99(a-c)$ Ⅱ.15

(3)①右グラフ ②45

3 (1)29 (2)①30 ②$5\sqrt{2}$ (3)①$\dfrac{4}{3}$ ②$2\sqrt{13}$

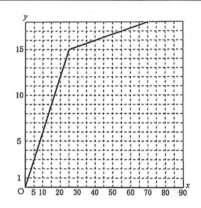

═《2022 全日制課程A 社会 解答例》════

1 (1)イ (2)ア，エ (3)エ

2 (1)ア (2)2番目…ア 3番目…エ (3)位置…D ようす…ウ

(4)綿糸の輸入により，国内の生産地 かな符号…ウ

3 (1)オ (2)ア (3)資料①…y 資料②…z

4 (1)ア，ウ (2)オ (3)A

5 (1)イ (2)イ，ウ (3)名称…労働基準法 内容…エ (4)イ

6 (1)C (2)ウ (3)イ

《2022　全日制課程A　理科　解答例》

1　(1)①オ　②カ　(2)ウ

2　(1)ア　(2)イ　(3)ウ　(4)オ

3　(1)エ　(2)水上置換法　(3)エ　(4)右グラフ

4　(1)20　(2)イ　(3)IV，V　(4)ウ

5　(1)イ　(2)キ　(3)オ　(4)右図

6　(1)25　(2)オ

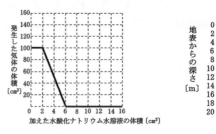

《2022　全日制課程A　英語　解答例》

＜聞き取り検査＞

第1問　1番．a．誤　b．誤　c．正　d．誤　　2番．a．誤　b．誤　c．誤　d．正

　　　　3番．a．正　b．誤　c．誤　d．誤

第2問　問1．a．誤　b．正　c．誤　d．誤　　問2．a．誤　b．誤　c．誤　d．正

＜筆記検査＞

1　①can I help you／is there anything I can do for you　などから1つ

　②I know the way to the station／but the way to the station is hard to explain　などから1つ

2　①look／so　②mistook／last　③for／advice

3　(1)ア　(2)used　(3)is a lot of plastic waste from our daily lives in　(4)エ　(5)ウ，カ

4　(1)b．ア　d．エ　(2)①worked　②where　(3)ウ　(4)X．supporting　Y．for

＝《2022　全日制課程A　国語　解説》＝

一　㈡　この段落の2～3行目「ひとつの認識方法を手にしたことで、その角度からしか、ものをみることができなくなってしまう」ことの例として、「封建主義の時代という認識方法」をあげている。これをふまえて、「かつての封建社会論」は「一方的な歴史のとらえ方」だと述べている。

　㈢　筆者は、第四段落の最初で、私たちがいろいろなものを認識しながら生きているために、「自然や社会や人間を、自由にみていく精神を失っているのかもしれない。そればかりか、認識することによって、認識したとおりの世界が、実際にあると思いこんでしまう誤りをおかす」と述べている。このことを一言で表したのが、「人間の精神を不自由にしていく芽」である。一つの認識でものごとを見て、それが正しいと思っている、ア、イ、エはこの具体例として適当。ウは、「一つの認識にすぎない」と自覚し、広い視野にたって認識しているので、具体例として適当ではない。

　㈣　直後で、「その理由のひとつに～人間は、言葉を媒介にしてものごとを考えている」と述べている。これを詳しく説明したのが、第六段落である。具体例を省いてまとめるとよい。

　㈤　第一段落で、「健全な批判精神が、自由な精神を維持するためには必要だと、私たちは教わってきた」「だが～必ずしもそうもいえない」と述べ、「健全な批判精神」だけでは自由な精神を得られないと指摘している。そして、第四段落では、認識することが不自由さをもたらしているのではないかと考察し、「自分の認識は誤りではないかと、つねに思いつづける精神をもっていたい」と述べている。また、第五段落で「自由な精神を得ようとして挑みつづけるところに、人間の精神の自由さはある」、第六段落で「自由な精神をもとうとすれば、そのこと（言葉を用いて思考することで、その時代の考え方に支配される可能性があること）に挑みつづけなければならない」と述べていることなどから、ウが適する。

　㈥　第一段落で、批判的な精神をもつことだけで自由な精神をもちつづけられるのかと問題提起し、それ以降でダーウィンの進化論を信じていた経験などの例をあげながら、自由な精神をもつために本当に必要なことを考察している。よって、エが適する。

二　㈡　ア.「一朝一夕」は、きわめて短い時間のたとえ。　イ.「一喜一憂」は、情勢が変わるたびに、喜んだり心配したりして、気をもむこと。　ウ.「一長一短」は、長所もあるが短所もあること。　エ.「一進一退」は、進んだり後戻りしたりすること。

三　㈡　第三段落の「それら（今までに彫られた屈輪文様）の基礎的文様の上に彼女自身の文様を創作することがいかに難しいものなのかが～分かってくる。他人が登った岩壁には～そのルートを追っていくかぎりそう難しいことではないが、未登攀の岩壁は想像もできないほどの苦労をしないと登ることができないのと比較して考えていた」を参照。新しい文様を創作することと、未登攀の岩壁に登ることを比較して考えているから、ウが適する。

　㈢　美佐子の屈輪文様について「新しい観点から発した屈輪文様で、過去の形式を脱しながら屈輪文様としての基礎的作法を忘れてはいなかった」とあること、「金牌もの以上」と評されていることから、独創的で新しい優れたデザインだったことがわかる。このとき、松磬は「言葉を失ったようであった」。松磬は言葉がでないほど、美佐子の図案に衝撃を受けていると考えられる。

　㈣　「金牌」（優等賞）は、既に巨匠と呼ばれる人が受賞することが多く、松磬もその一人だった。若い人が受賞することはまれで、受賞すれば巨匠の仲間入りである。美佐子が書いた文様は「金牌もの以上」だと感じられ、それ

は、美佐子が既に巨匠のレベルかそれ以上に到達していることを意味する。そのため、松磬は自分が教えることはもうないと感じて、複雑な気持ちになっている。

㈤　イ．第二段落で、屈輪文様のなかなかきまらない美佐子は、「私にはその才能がないのかもしれない」と悩むが、その直後に「そのまま山へ直行したいほど山が恋しく」なっている。よって「登攀をこのまま続けるべきか葛藤した」は適さない。　エ．美佐子は、鎌倉の海岸を訪れた後、「最短距離を走り帰って二階の机に向かった」とあるから、鎌倉は「旅先」ではない。また、屈輪文様のデザインが決まらない時には、「彼女は屈輪文様のことはしばらく頭の外に置こうと思った」とあるから、「全ての時間を文様の創作にささげてきた」も適さない。

四　㈠～㈢　【漢文(書き下し文)の内容】を参照。

㈣　孔子が以前、宓子(ふくし)と世を治めることについて話したときに、宓子が言った「此に誠ある者は、彼に刑(あら)はる」より、イが適する。宓子の誠(まごころ)が、漁師にも伝わっており、漁師は稚魚を逃がすという善行をしたのである。

【漢文(書き下し文)の内容】

宓子は、亶父(たんぽ)を治めることが三年になった、そして、巫馬期(ふばき)は、粗末な衣装を身につけ、容貌を変え、(亶父へ)行って(亶父の)変化の様子を見た。夜漁をする者が魚をつかまえそれを逃がすのを(巫馬期が)見て、巫馬期が尋ねて言うことには、「そもそもあなたが漁をするのは、魚を手に入れたいからである。今魚を得たのにこれを捨てるのはどうしてか」と。漁をする者が、答えて言うことには、「宓子は人が稚魚を取るのを望まないのである。つかまえたのは小魚だった。そこでこれを捨てたのだ」と。巫馬期は、帰って孔子に報告して言うことには、「宓子の徳はいきわたっています。人が夜にこっそり行動するときも、まるで厳しい刑がすぐ近くにあるかのように行動させている。宓子は、どのようにしてここ(このような治世)にいたったのでしょうか」と、孔子が言うことには「私は、以前宓子にどのように世を治めるのかを尋ねた。(宓子が)言うことには、『こちらに誠がある者は、あちらにあらわれます』と。宓子は、きっとこのやり方を実践したのであろう」と。

═《2022　全日制課程Ａ　数学　解説》═

1　(1)　与式＝ 8－6＝2

(2)　与式＝$\dfrac{3(2x-3)-2(3x-2)}{18}=\dfrac{6x-9-6x+4}{18}=-\dfrac{5}{18}$

(3)　与式＝$5x^2\div16x^2y^2\times32xy^2=\dfrac{5x^2\times32xy^2}{16x^2y^2}=10x$

(4)　与式＝$(\sqrt{5}-\sqrt{3})(2\sqrt{5}+2\sqrt{3})=2(\sqrt{5}-\sqrt{3})(\sqrt{5}+\sqrt{3})=2(5-3)=2\times2=4$

(5)　与式より、$10-5x=x^2-2x-8$　　　$x^2+3x-18=0$　　　$(x+6)(x-3)=0$　　　$x=-6,\ 3$

(6)　【解き方】yをxの式で表したとき、$y=\dfrac{a}{x}$(aは比例定数)で表せると、yはxに反比例する。

ア．$y=x^3$だから、反比例ではない。　　　イ．$x\times y=35$より、$y=\dfrac{35}{x}$だから、反比例である。

ウ．$y=x\times4$より、$y=4x$だから、反比例ではない(比例)。　　　エ．$y=\dfrac{15}{x}$だから、反比例である。

(7)　【解き方】平均値と中央値をそれぞれaの式で表し、方程式を解く。

平均値は、$(1+3+5+a+10+12)\div6=\dfrac{a+31}{6}$(冊)

中央値は、$6\div2=3$より、大きさ順で3番目と4番目の記録の平均だから、$(5+a)\div2=\dfrac{a+5}{2}$(冊)

よって、$\dfrac{a+31}{6}=\dfrac{a+5}{2}$　　　$a+31=3a+15$　　　$2a=16$　　　$a=8$

(8)　【解き方】平行な直線は傾きが等しい。

ＡとＢはともに放物線$y=x^2$上の点で、Ａのx座標が$x=-3$、Ｂのx座標が$x=6$だから、Ａのy座標は$y=$

$(-3)^2=9$，Bのy座標は$y=6^2=36$である。直線ABの傾きは，$\dfrac{(\text{A と B の}y\text{座標の差})}{(\text{A と B の}x\text{座標の差})}=\dfrac{36-9}{6-(-3)}=3$

式を求める直線は，傾きが直線ABの傾きに等しく3で，原点を通るので，式は$y=3x$である。

(9) 円柱P，Qの底面積の比は，$3^2:5^2=9:25$だから，Pの底面積を9S，Qの底面積を25Sとする。

Pの高さをhとすると，PとQの体積は$9S\times h=9hS$だから，Qの高さは，$9hS\div25S=\dfrac{9}{25}h$

よって，Qの高さはPの高さの$\dfrac{9}{25}$倍である。

(10) AD//BCより，△ADE∽△CBEである。よって，DA：BC＝AE：CE＝3：7だから，

$BC=\dfrac{7}{3}AD=\dfrac{7}{3}\times6=14$(cm)

2 (1) 【解き方】四角形ABCDの面積を，△ABO＋△ADO＋△CDOで求める。

EはBの左側と右側にあることに気を付ける。

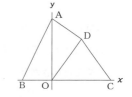

AO＝(AとOのy座標の差)＝6，BO＝(BとOのx座標の差)＝0－(－3)＝3

△ADOは底辺をAO＝6とすると，高さは(DとOのx座標の差)＝3となる。

△CDOは底辺をOC＝(CとOのx座標の差)＝6とすると，高さは(DとOのy

座標の差)＝4となる。よって，四角形ABCDの面積は，$\dfrac{1}{2}\times6\times3+\dfrac{1}{2}\times6\times3+\dfrac{1}{2}\times6\times4=30$

△ABE＝$30\times\dfrac{1}{2}=15$であり，△ABEは底辺をBEとすると高さがAO＝6だから，$\dfrac{1}{2}\times BE\times6=15$より，

BE＝5である。EがBの左側にあるとき，(Eのx座標)＝(Bのx座標)－5＝－3－5＝－8，EがBの右側に

あるとき，(Eのx座標)＝(Bのx座標)＋5＝－3＋5＝2だから，求める座標は(－8，0)と(2，0)である。

(2) 選んだ3個の数字をa，b，c（$a>b>c$）とすると，A＝100a＋10b＋c，B＝100c＋10b＋aだから，

A－B＝100a＋10b＋c－(100c＋10b＋a)＝99a－99c＝$_I\underline{99(a-c)}$

A－B＝396のとき，99($a-c$)＝396だから，$a-c=4$

aとcの差が4となるような(a，c)は，(5，1)(6，2)(7，3)(8，4)(9，5)の5通りある。

その5通りに対して，$a>b>c$となるbの値は3通りずつあるから，3個の数字の選び方は全部で，

$5\times3=_{II}\underline{15}$(通り)ある。

(3)① 第1組がA地点からC地点までの15kmを移動するのにかかる時間は，$\dfrac{15}{36}=\dfrac{5}{12}$(時間)，つまり，$\dfrac{5}{12}\times60=25$(分)

C地点からB地点までの18－15＝3(km)を移動するのにかかる時間は，$\dfrac{3}{4}\times60=45$(分)

よって，第1組がA地点を出発してから，C地点に着いたのは25分後，B地点に着いたのは25＋45＝70(分後)

だから，グラフは，3点(0，0)(25，15)(70，18)を順に直線で結べばよい。

② 【解き方1】グラフに，第2組が徒歩で進んだときのグラフと，タクシーがC地点から再びA地点に戻るまで

のグラフを書き加えると，その2つのグラフの交点で第2組がタクシーに乗ったとわかる。

徒歩の速さは第1班も第2班も同じだから，45分で3km進む。タクシーはA地

点からC地点までを25分で進むので，C地点からA地点までも25分で進む。

このことから，2つのグラフをかきこむと，右図のようになるので，交点Pで

第2組がタクシーに乗ることがわかる。よって，求める時間は，45分後である。

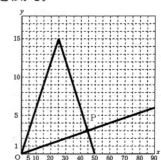

【解き方2】求める時間をt分後とし，方程式を立てる。

第2組はt分後までに，$4\times\dfrac{t}{60}=\dfrac{t}{15}$(km)進む。タクシーはC地点で引き返して

からt分後までに，$36\times\dfrac{t-25}{60}=\dfrac{3(t-25)}{5}$(km)進む。この2つの距離の和は，

A地点からC地点までの距離と等しく15kmだから，$\dfrac{t}{15}+\dfrac{3(t-25)}{5}=15$を解くと，$t=45$となる。

3 (1) 同じ弧に対する円周角は等しいから，∠ADB＝∠ACB＝21°

△ADEについて，外角の性質より，∠EAD＝86°－21°＝65°

ACは∠BADの二等分線なので，∠BAD＝2∠EAD＝2×65°＝130°

△ABDの内角の和より，∠ABE＝180°－21°－130°＝29°

(2)① △ABEと△DECの底辺をそれぞれAB，DCとする。AB＝DCだから，△ABEの高さを$h$cmとすると，$△ABE＋△DEC＝\frac{1}{2}×AB×h＋\frac{1}{2}×DC×(AD－h)＝\frac{1}{2}×AB×h＋\frac{1}{2}×AB×(AD－h)＝\frac{1}{2}×AB×\{h＋(AD－h)\}＝\frac{1}{2}×AB×AD＝\frac{1}{2}×(四角形ABCDの面積)＝\frac{1}{2}×80＝40$(cm²)となる。

よって，△DEC＝40－10＝30(cm²)

② 【解き方】∠BAE＝45°だから，右のように作図すると，△AEH≡△AEIとなる。よって，EH＝EIであり，△ABEと△AEDは底辺をそれぞれAB，ADとすると高さが等しいから，底辺の長さの比は面積比に等しく，AB：AD＝10：16＝5：8となる。

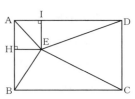

AB＝$5x$cm，AD＝$8x$cmとすると，四角形ABCDの面積について，$5x×8x＝80$　$40x^2＝80$　$x^2＝2$　$x＝±\sqrt{2}$　$x＞0$だから，$x＝\sqrt{2}$　　よって，ABの長さは，$5×\sqrt{2}＝5\sqrt{2}$(cm)である。

(3)① 【解き方】EH，HG，GFの長さの和が最も小さくなるとき，EH，HG，GFは展開図上で一直線上にある。

面ABC，ACD，ADEの展開図は右図のようになる。△ABC，△ACD，△ADEはすべて正三角形なので，∠ACB＝∠CADより，錯角が等しいから，AD//BCである。よって，△EAH∽△EBFだから，AH：BF＝EA：EB＝1：2

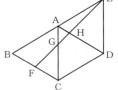

$BF＝\frac{1}{2}BC＝2$(cm)だから，$AH＝\frac{1}{2}BF＝\frac{1}{2}×2＝1$(cm)

また，△AGH∽△CGFだから，AG：CG＝AH：CF＝1：2

したがって，AG：AC＝1：(1＋2)＝1：3だから，$AG＝\frac{1}{3}AC＝\frac{1}{3}×4＝\frac{4}{3}$(cm)

② 【解き方】△ACDと△ADEが正三角形であることから，右図のようにCEを引くと，△ACIと△AEIは3辺の長さの比が$1：2：\sqrt{3}$の直角三角形となる。

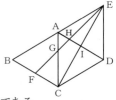

$CI＝EI＝\frac{\sqrt{3}}{2}AC＝2\sqrt{3}$(cm)だから，$CE＝2CI＝4\sqrt{3}$(cm)

∠ECF＝60°＋30°＝90°だから，△ECFについて，三平方の定理より，$EF＝\sqrt{CE^2＋FC^2}＝\sqrt{(4\sqrt{3})^2＋2^2}＝\sqrt{52}＝2\sqrt{13}$(cm)であり，これが求める長さである。

═ 《2022　全日制課程A　社会　解説》 ═

1 (1) イが正しい。蝦夷は「えみし」と読む。中世以降になると，北海道を蝦夷「えぞ」と呼んだ。南蛮人は，スペイン人とポルトガル人の総称。聖武天皇は，奈良時代に全国に国分寺を建立し，奈良の都に東大寺と大仏を造らせた天皇。源義家は，平安時代の白河上皇による院政期に，東北地方で起きた「前九年の役」「後三年の役」に活躍した武将で，源頼朝の祖先である。

(2) アとエが正しい。織田信長が活躍したのは16世紀の後半である(一乗谷の戦いは1573年)。名誉革命は17世紀後半の1688年，李氏朝鮮の成立は14世紀後半の1392年，コロンブスの西インド諸島到達は15世紀後半の1492年，インド大反乱は19世紀中ごろの1857年。

(3) エが正しい。日米和親条約を結び，下田とともに箱館(函館)が開港したことで，蝦夷地の防衛と政治を担う場所として，通称「箱館奉行所」が造られた。これが後に五稜郭と呼ばれるようになった。

2 (1) アが正しい。東大寺南大門の金剛力士像は鎌倉文化を代表する彫刻だからaである。運慶・快慶らによって，寄木造でつくられた。見返り美人図は江戸時代の元禄文化を代表する浮世絵だからbである。元禄文化は，江戸時代の17世紀後半（5代将軍徳川綱吉の治世）に花開いた，上方（大阪・京都）を中心とした文化である。作者は菱川師宣で，版画ではなく肉筆の浮世絵である。

(2) イ→ア→エ→ウ　国会期成同盟の結成（1880年）→伊藤博文の内閣総理大臣就任（1885年）→大日本帝国憲法の発布（1889年）→第1回帝国議会（1890年）

(3) Dとウを選ぶ。島根県にある石見銀山は，世界文化遺産に登録されている。1533年は戦国時代だからウである。アが江戸時代，イは平安時代，エは鎌倉時代である。

(4) イギリスで産業革命が起こったことで，機械によって安価な綿糸や綿製品が大量に輸入されると，国内の生産地が打撃を受けた。かな符号はウを選ぶ。海外なら15枚の銀貨と1枚の金貨が交換されるが，日本では15枚の銀貨は $15 \div 5 = 3$（枚）の金貨と交換される。つまり，海外の人々は銀貨を日本で金貨に両替すると3倍の金貨を得ることができる。ペリーもこの手法で自らの財産を増やしたと言われている。

3 (1) オが正しい。$X_1 - X_2$は，X_2付近に琵琶湖があることから，●側に平坦な土地があるCと判断する。$Z_1 - Z_2$は，$Y_1 - Y_2$との比較で考える。Y_1あたりには大阪平野があること，また，$Z_1 - Z_2$には高く険しい紀伊山地があることから，Aを$Z_1 - Z_2$，Bを$Y_1 - Y_2$と判断する。

(2) アが正しい。気温の変動に違いが見られないことから，降水量で判断する。aは1年を通して降水量が少ないから瀬戸内の気候である。bは夏から秋にかけての降水量が多いことから太平洋側の気候である。cは冬の降水量が多いことから日本海側の気候である。よって，明石市がa，新宮市がb，宮津市がcである。

(3) ①＝y，②＝z　資料①は「天下の台所」「24時間運用できる国際拠点空港＝関西国際空港」から大阪府である。大阪府は近畿地方の中心都市だから，周辺の府県からの通勤・通学者が多いので，昼夜間人口比率が100を上回る。100を超えたx，yのうち，国宝の建造物の件数が多いxは京都府だから，yが大阪府である。資料②は「世界最古の木造建築物」から奈良県である。奈良時代に平城京が築かれ，飛鳥時代には聖徳太子によって法隆寺が建てられた。奈良県は内陸県だから，海岸線距離が0mのzと判断する。

4 (1) ア，ウが正しい。Iの略地図は，中心からの距離と方位が正しい図法だから，パリからデリーの方角はわからないのでイは誤り。破線Xの中に南極大陸も南アメリカ大陸も入っていないからエとオは誤り。

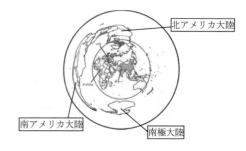

(2) オが正しい。ヒンドゥー教では，牛は神聖なものとして食肉にはしないので，インドでは牛肉の生産量が多くない。イスラム教では豚は不浄なものとされ，敬虔（けいけん）なイスラム教徒は食べない。

(3) Aが茶である。茶は，日本では静岡県・鹿児島県，世界ではアジアとアフリカでの生産が多い。Bはコーヒー豆，Cはカカオ豆である。

5 (1) イが正しい。文章中の「2010年には，スマートフォンを保有している世帯の割合とタブレット型端末を保有している世帯の割合は，ともに10%程度」から，YとZがスマートフォンとタブレット型端末である。そのうち，増加の著しいYをスマートフォンと判断する。そうすると，▲と■の両方が越えているのは80%ラインとわかる。

(2) イとウが正しい。80歳以上では，スマートフォンよりパソコンの方の割合が高いからアは誤り。平成28年から平成30年にかけて，70歳以上のインターネット利用者の割合は減っているから，エは誤り。

(3) 労働基準法とエが正しい。　労働条件について定義していることから労働基準法と判断する。ア〜ウは労働組合法で規定されている。

(4) イが正しい。企業は，人件費をおさえるために非正規雇用労働者を増やす傾向にあるからアは誤り。労働者の能力や成果を賃金に反映させる仕組みは，年功序列賃金ではなく成果主義と呼ばれるからウは誤り。非正規雇用労働者は，正規雇用労働者に比べて賃金は低く設定される傾向にあるからエは誤り。

6 (1) Cが正しい。国際連合は，第二次世界大戦の反省から生まれたからCを選ぶ。

(2) ウが正しい。国際連合の常任理事国は，アメリカ・<u>イギリス</u>・フランス・ロシア・中国だから，Yは誤り。

(3) イが正しい。実績額の大きいアメリカの国民総所得比は，ドイツ・イギリスなどより低いからアは誤り。実績額の上位4か国では，1人あたり国民総所得が大きい国ほど実績額も大きいからウは誤り。1人あたり国民総所得の国別順位と，実績額の国民総所得比の国別順位は一致しないからエは誤り。

═══《2022　全日制課程A　理科　解説》═══

1 (1) ①a(右心房)とc(左心房)は肺と全身から血液が流れ込む部屋，b(右心室)とd(左心室)は肺と全身に血液を送り出す部屋である。　②酸素を多く含む血液を動脈血，二酸化炭素を多く含む血液を静脈血という。肺で酸素をとり込むから，肺から戻ってきた血液が流れるcとdに動脈血が流れている。なお，心臓から送り出される血液が流れる血管が動脈，心臓に戻ってくる血液が流れる血管が静脈だから，肺動脈には静脈血が，肺静脈には動脈血が流れていることに注意しよう。

(2) X(シベリア気団)は冬に発達する気団で，冷たくかわいた空気のかたまりである。Y(小笠原気団)は夏に発達する気団で，あたたかくしめった空気のかたまりである。

2 (1) おしべとめしべが花弁に包まれているため，他の花から運ばれてきた花粉による受粉が起こりにくい。

(2) エンドウやツツジは，胚珠が子房の中にある被子植物で，子葉が2枚の双子葉類である。また，エンドウのように花弁が1枚1枚離れているものを離弁花類，ツツジのように花弁がくっついているものを合弁花類という。

(3) 種子を丸形にする遺伝子をA，しわ形にする遺伝子をaとすると，純系の丸形であるAグループはAA，純系の丸形(AA)と純系のしわ形(aa)をかけ合わせてできるCとDグループはAaである。

(4) Aとaの両方の遺伝子をもつCとDグループが全て丸形だから，丸形が顕性形質，しわ形が潜性形質である。よって，Dグループ(Aa)の自家受粉でできる丸形のWはAAかAaである(表ⅰ)。このため，Wとしわ形(aa)をかけ合わせたとき，WがAAであれば子は全てAa(丸形)となり，WがAaであれば子はAa(丸形)：aa(しわ形)＝1：1となる(表ⅱ)。

表ⅰ
	A	a
A	AA(丸)	Aa(丸)
a	Aa(丸)	aa(しわ)

表ⅱ
	A	a
a	Aa(丸)	aa(しわ)
a	Aa(丸)	aa(しわ)

3 (1) 中和は，酸性の水溶液とアルカリ性の水溶液を混ぜ合わせたときに起こる，たがいの性質を打ち消し合う反応だから，AからHまでの全てで中和が起こっている(中性になるときだけ中和が起こるわけではない)。なお，塩酸と水酸化ナトリウム水溶液の中和では，塩化ナトリウムと水ができる〔$HCl+NaOH→NaCl+H_2O$〕。

(2) 水上置換法は水に溶けにくい気体を集めるのに適している。

(3) BTB溶液を加えたときの水溶液の色から，AからEまでは塩酸が残っていて(酸性)，Fでは塩酸と水酸化ナトリウム水溶液が過不足なく反応して(中性)，GとHでは水酸化ナトリウム水溶液が残っている(アルカリ性)ことがわかる。よって，AからEで，残っている塩酸とマグネシウムリボンが反応したことで発生した気体Xは水素である。なお，アはアンモニア，イは塩素，ウは二酸化炭素の性質である。

(4) 図3より，加えた水酸化ナトリウム水溶液が0㎤から4㎤になるまではマグネシウムリボン0.1gが全て反応し，加えた水酸化ナトリウム水溶液が4㎤より多くなると塩酸が不足するようになり(マグネシウムリボンが残るようになり)，加えた水酸化ナトリウム水溶液が12㎤になったときに過不足なく反応したため，それ以上水酸化ナトリウム水溶液の体積を増やしても，(塩酸がないため)マグネシウムリボンが反応しないことがわかる。水酸化ナトリウム水溶液の濃さを2倍にすると，塩酸が不足するようになるまでに必要な水酸化ナトリウム水溶液の体積は図3のときの半分(2㎤)になり，塩酸と過不足なく反応するときの水酸化ナトリウム水溶液の体積も図3のときの半分(6㎤)になる。また，発生する気体の最大の体積は，マグネシウムリボンの重さが変わらないので，100㎤のままである。

4　(1)　〔抵抗(Ω)＝$\dfrac{電圧(V)}{電流(A)}$〕，50mA→0.05Aより，$\dfrac{1.0}{0.05}$＝20(Ω)である。

(2)　磁界の向きと電流の向きのどちらかを逆にすると力の向きは逆になり，磁界の向きと電流の向きの両方を逆にすると力の向きは変わらない。ここでは，磁界の向きと電流の向きの両方を逆にしたから，力の向きは実験2と同じである。また，コイルに流れる電流の大きさが大きいほど力は大きくなる。表より，電圧が5.0Vのとき，流れる電流はBのときの方が小さいから，コイルは実験2よりも小さく動く。

(3)　x，y間の抵抗が小さいほど，コイルは大きく動くから，x，y間の抵抗がAの抵抗(20Ω)より小さくなるものを選べばよい。表より，Bの抵抗は$\dfrac{1.0}{0.02}$＝50(Ω)であり，Ⅰ～Ⅲのように直列につないだときのx，y間の抵抗は，各電熱線の抵抗の和になるから，Ⅰは20＋20＝40(Ω)，Ⅱは20＋50＝70(Ω)，Ⅲは50＋50＝100(Ω)で，いずれもAの抵抗より大きくなる。Ⅳ～Ⅵのように並列につないだときのx，y間の抵抗は，各電熱線の抵抗より小さくなるから，ⅣとⅤはAの抵抗より小さくなる。また，同じ電熱線を2つ並列につないだときの合成抵抗はその電熱線の抵抗の半分になるから，ⅥはBの抵抗の半分の25Ωであり，Aの抵抗より大きくなる。

(4)　コイルのまわりの磁界の強さが変化することでコイルに電流が流れる現象を電磁誘導，このとき流れる電流を誘導電流という。N極をコイルの手前から近づけるとき，近づける棒磁石の極だけが図4と逆になるので，誘導電流の向きが反対になり，検流計の針は－側に振れる。そのまま棒磁石がコイルを貫通すると，S極がコイルの奥から遠ざかることになるので，誘導電流の向きはS極を手前から近づけたときと同じになり，検流計の針は＋側に振れる。

5　(1)　地層はふつう下にあるものほど古い時代に堆積したものである。また，粒の大きさが小さいものほど軽いので，河口から遠く離れた沖合まで運ばれる。ⅡのQでは，下かられき岩(2㎜以上)，砂岩(0.06㎜～2㎜)，泥岩(0.06㎜以下)の順に堆積しているから，海岸近くから沖合へと環境が変化した(海水面が上昇した)と考えられる。

(2)　示準化石に対し，特定の環境で生息する生物の化石で，地層が堆積した当時の環境を推定するのに役立つものを示相化石という。

(3)　鍵層である凝灰岩の層の厚さや上下の層に着目すると，Ⅰの上の凝灰岩の層とⅡの凝灰岩の層，Ⅰの下の凝灰岩の層とⅢの凝灰岩の層はそれぞれつながっていると考えられる。地層は東西方向に傾いていないから，Ⅰ～Ⅲの地表面の標高を比べると，ⅡはⅠより10m高く，ⅢはⅠより10m低いとわかる。よって，Ⅰは標高80mのB，Ⅱは標高90mのC，Ⅲは標高70mのAである。

(4)　(3)解説と同様に考えると，Ⅳ(D)の泥岩の層はPとつながっていると考えられる。Ⅳの泥岩の層の上面の標高は75－10＝65(m)だから，その真西にある標高67mのXでの泥岩の層の上面の標高も65mである。よって，泥岩の層の上面は地表から67－65＝2(m)の深さにあり，厚さが4mになるように塗りつぶせばよい。

6　(1)　質量パーセント濃度が20%のエタノール水溶液中のエタノールと水の質量比は，20：(100－20)＝1：4である。水80㎤は80gだから，加えたエタノールの質量は80×$\dfrac{1}{4}$＝20(g)であり，体積は20÷0.8＝25(㎤)である。

(2) 振動する弦の長さが短く，弦の太さが細く，弦の張りが強いときほど，振動数が多くなって高い音が出る。表で，Ⅱが実験1の②，Ⅲが実験1の③だから，Ⅲの音はⅡより高くなる。ⅠはⅡと比べ，おもりの質量が小さくなっているから，弦の張りが弱くなり，音はⅡより低くなる。ⅣはⅡと比べ，木片間の距離が短くなっているから，音はⅡより高くなる。よって，Ⅱの音より高くなるⅢとⅣで音の高さが同じになったと考えられる。

═《2022　全日制課程A　英語　解説》═

＜聞き取り検査＞

第1問

　1番　問い「この対話について正しいことは何ですか？」…エミリー「ありがとう，マイク。私はあなたの優しさを決して忘れないわ」→マイク「どういたしまして，エミリー。ここロンドンから君に連絡するね」→エミリー「ニューヨークからメールを送るわ」の流れより，ｃ「エミリーとマイクは連絡を取り合うだろう」が正しい。

　2番　問い「この対話はどういう状況ですか？」…ブラウン先生「おはようございます，皆さん。今日は誰がスピーチをしてくれますか？」→ケイコ「ブラウン先生，私にやらせてください」→ブラウン先生「わかりました，ケイコ，黒板のところにきてください」の流れより，ｄ「ケイコはクラスメートにスピーチをします」が正しい。

　3番　問い「父親は次に何と言いますか？」…ルーシー「お父さん，明日ミドリ市に行く予定なの」→父「何をしに行くの，ルーシー？」→ルーシー「ジェーンと映画を見るわ。映画館に連れて行ってくれない？」より，ａ「いいよ。映画は何時に始まるの？」が正しい。

第2問　【放送文の要約】参照。

　問1　問い「愛知県の季節は何ですか？」…ｂ「冬と春の間です」が正しい。

　問2　問い「明日の愛知県の天気はどうなりますか？」…ｄ「くもりのち雨です」が正しい。

【放送文の要約】

　では，愛知県の明日の天気予報をお届けします。問1.ｂ今週は暖かくなり，春が到来します。なんと，沖縄ではすでに泳げる季節が到来しており，最高気温は26℃になります。それから，問2.ｄ愛知県では，午前中はくもり空になり，午後は雨が降るでしょう。最高気温は12℃，最低気温は4℃です。

＜筆記検査＞

1　①　困っている外国人に対してかける言葉 can I help you?「何かお困りですか？」などが入る。

　②　直前のB（外国人）の質問「駅の場所をご存知ですか？」に対してAが「はい」と答え，直後に「そこに連れていきますよ」と言ったので，I know the way to the station「私は駅までの道を知っています」などが入る。

　・the way to ～「～への道」

2　①　直後の賢人の言葉より，賢人は失望していることがわかる。look ～「～に見える」を使って「賢人，とても不安そうね」となるようにする。　　②　直後の1文より，賢人は数学と英語を間違えたと考えられる。「AとBを間違える」＝mistake A for B　「昨夜」＝last night　③　直前のナンシーの発言「過去のことは忘れて明日に向けてベストを尽くすべきよ」に対して，賢人がお礼を言っている場面。　「○○をありがとう」＝Thank you for ○○.

3　【本文の要約】参照。

　(1)　前後の内容から，ア「海，プラスチック汚染そして」が適当。

　(2)　直前に be 動詞の are があるので，〈be 動詞＋過去分詞〉で「～される」という意味の受け身の文にする。

　(3)　there is/are ～「～がある」の文。waste「廃棄物」は数えられない名詞だから，be 動詞は is を使う。

(4)　ア「魚や海の動物は，ビニールぶくろの小片を×エサとしてまったく食べません」　イ「日本人はプラスチック廃棄物を減らし，海をきれいに保つために，×ビニールぶくろを使います」　ウ「2002 年，バングラデシュ人が世界で初めてビニールぶくろを×使い始めました」　エ○「2002 年以降，世界の多くの国でビニールぶくろを削減するために規則が変更されています」

(5)　ア「毎年，約 800 万トンのプラスチック廃棄物が×海から日本にやって来ます」　イ×「2019 年以降，愛知県の人々の約 12％は陶磁器と車だけを作っています」…本文にない内容。　ウ○「日本人は，便利なプラスチック製品をたくさん使って日常生活を送っています」　エ「海中のプラスチック廃棄物は海の動物に影響を与えますが，×人にはまったく影響を与えません」　オ×「世界中の人々にとってプラスチック汚染だけに関心を持つことが重要です」…本文にない内容。　カ○「海と私たちの生活はつながっているので，行動を変えることで海はきれいになります」

【本文の要約】

　日本は海に囲まれていて，日本人はたくさんの種類の魚や海の動物を見ることができます。しかし，それが生き残るのは難しいかもしれません。世界では，毎年約 800 万トンのプラスチック廃棄物が海に流れ込んでいます。ですから，将来のために海を守るべきです。この話は①ア海，プラスチック汚染，そしてそれを解決する方法についてのものです。

　みなさんは愛知県が陶磁器や車などの生産で有名だと知っていることでしょう。しかし，2019 年に愛知県が全体の約 12％にあたる，日本で最も多くのプラスチック製品を生産したことはご存知ですか？愛知県で生産されているプラスチック部品は，文房具や電子機器など A に使われています（＝are used）。(5)ウ日本人の周りにはたくさんのプラスチック製品があります。それらは有用で，彼らの日常生活を支えています。

　プラスチック製品は便利ですが，プラスチック廃棄物は海でいくつかの問題を引き起こしています。道路のプラスチック廃棄物は川に流れ込み，海に運ばれます。だから，海には日常生活で出たたくさんのプラスチック廃棄物があります。海の動物はプラスチック廃棄物を食べて死ぬかもしれないと言う人もいれば，危険な化学物質が海洋プラスチックの小片に付着し，魚がそれらを食べる可能性があると言う人もいます。私たちはその魚を食べて病気になるかもしれません。プラスチック廃棄物は魚だけでなく人類にとっても大きな問題であることを知っておく必要があります。

　現在，多くの国がプラスチック廃棄物の削減に精一杯取り組んでいます。その一例が買い物のあとによく使う無料のビニールぶくろです。(4)エ2002 年にバングラデシュ人が世界で初めてビニールぶくろの利用をやめました。2015 年にイギリスの店がビニールぶくろを 5 ペンスで販売し始めました。2018 年には 127 以上の国の人々が無料のビニールぶくろやあらゆる種類のビニールぶくろの利用をやめました。2020 年に，日本は無料のビニールぶくろを提供するかわりにビニールぶくろの販売を開始しました。実際，日本は年間でビニールぶくろの約 4 分の 3 を削減しました。

　プラスチック廃棄物を減らすために私たちは何をすべきでしょうか？愛知県はキャンペーンを実施し，海をきれいに保とうとしています。このキャンペーンは，私たちにプラスチック汚染に関心を持ち，行動を起こすことの重要性を訴えています。買い物のあとにビニールぶくろを買うのではなく，買い物には自分の買い物ぶくろを持って行くべきです。(5)カ海と陸は自然の中でつながっています。陸の私たちの日常生活は，海の多くの生物に影響を与えます。できるだけ早く行動を変えましょう。行動を起こすことで海はきれいになります。

4　【本文の要約】参照。

(2)①　「ボブのホストグランドファーザーはQRコードを初めて作った日本企業で（　　）」より，worked「働いていた」が入る。　・work for ～「～に勤務する／～で働く」　②　（　　）の直後の文が肯定文の語順になっているので，間接疑問文にする。「彼らは（　　）地元の避難所があるかも知っている」より，where「どこに」が入る。

(3)　主語が「火災報知器」より，ウ sounds「音」が適当。ア「声」，イ「笑い」，エ「歌」は不適当。

(4) 【彩のスピーチ原稿の要約】参照。X．ボブの4回目の発言の最後の1文参照。現在完了"継続"の文を現在
進行形の文にするから support の ing 形が適当。　　Y．be ready for ～「～への準備ができている」

【本文の要約】

彩　：こんにちは，ボブ。いつ故郷に帰るの？

ボブ：やあ，彩。来月サンフランシスコに戻るよ。

彩　：[a]ゥあなたがこの学校に居たのはあっという間だったわ。日本の学校生活はどうだった？

ボブ：素晴らしかったよ！昨年から学校で日本について勉強してきたから，ホストファミリーとよく日本について話したよ。

彩　：もっと教えて。

ボブ：先週，授業でQRコードについて学んだ。それで，僕はホストグランドファーザーとそれらについて話したよ。
　　　僕は彼にQRコードは日本で作られたものだと言ったんだ。そしたら彼は，1994年に初めてQRコードを作った
　　　日本企業で①働いていた（＝worked）と言ったよ。

彩　：そうだったの？

ボブ：[b]ァそうだよ。QRコードはサンフランシスコでも人気なんだ。家族と一緒にレストランに行ったとき，母は
　　　食事のあとにお金を払うためにスマートフォンでQRコードを読み取ることがあった。とても便利だったよ。日
　　　本の技術がアメリカでの僕らの日常生活を支えているんだ。

彩　：[c]ォいいわね。科学技術は日本の強みだものね。他にも何か話したの？

ボブ：うん，避難訓練について話したよ。それは日本のもうひとつの強みだと思うよ。日本の訓練はアメリカの訓練と
　　　は異なるよ。

彩　：そうなの？

ボブ：[d]ェそうだよ。火災訓練の日，学校の生徒たちはそれについて全く知らないんだ。それから学校の火災報知器
　　　が突然大きなゥ音（＝sounds）を出し，訓練が始まったことを知らせるんだ。

彩　：日本でもそんな訓練をする学校があるって聞いたわ。

ボブ：素晴らしい！ここに滞在している間に，多くの日本人が火事，地震，大雨などの災害に備えていることがわかったよ。

彩　：[e]ィなるほど。日本では毎年いろいろな災害が起こるからね。私の家族は緊急キットを作って家に保管しているわ。

ボブ：ああ，そうなの？僕のホストファミリーは食べ物と水をどれくらい備蓄すべきかわかっていて，災害の際に地元
　　　の避難所がどこにあるかもわかっているよ。それは素晴らしいことだよ！

彩　：うちの家族もそうよ。誰もが緊急事態に備えることが重要ね。

ボブ：そうだね。アメリカに戻ったら，家族に災害に備えて食べ物と水を備蓄するように言おう。

【彩のスピーチ原稿の要約】

日本の強み

　日本はとても素晴らしい。ある日，アメリカからの留学生のボブと話をしたときに，新しい事実を知った。彼はアメ
リカでQRコードについて知っていて，それらが日本で作成されたことを授業で学んだ。日本の技術は海外に広まり，
人々に便利な生活をもたらし，日常生活xを支えている（＝supporting）！

　さらに，多くの日本人は災害yへの準備ができている（＝are ready for）。ボブは災害に備えて多くの日本人が食料と水
を蓄えていることを知って驚いていた…。

━《2022　全日制課程B　国語　解答例》━━━━━━━

一 ㈠ア　㈡エ　㈢イ　㈣オ　㈤二番目…オ　四番目…ウ

二 ㈠①さまた　②収納　㈡エ

三 ㈠イ　㈡ウ　㈢A.ア　B.ウ　㈣人間の身体がハンドルしやすい大きさ、重さであるだけでなく、自由に重さを変えることができるため、合理的で気楽な構造システムとなるから。　㈤イ　㈥エ

四 ㈠いにしえ　㈡ウ　㈢イ　㈣ア

━《2022　全日制課程B　数学　解答例》━━━━━━━

1 (1)4　(2)$-y$　(3)$(x+1)(x-1)$　(4)$4\sqrt{10}$　(5)$\dfrac{5\pm\sqrt{21}}{2}$

(6)$y>3x$　(7)$\dfrac{4}{9}$　(8)12　(9)10　(10)イ

2 (1)ウ, オ, キ　(2)-5

(3)①右グラフ　②4

3 (1)57　(2)① 7　②48　(3)①$\dfrac{1}{5}$　②$2\sqrt{6}$

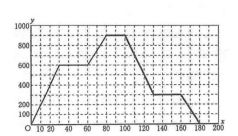

━《2022　全日制課程B　社会　解答例》━━━━━━━

1 (1)イ　(2)ウ　(3)エ

2 (1)オ　(2)ウ　(3)議会の承認なしに労働力や物資を動員する　(4)ア

3 (1)A　(2)b.イ　c.ア　(3)エ

4 (1)①アンデス　②エ　(2)さとうきび〔別解〕サトウキビ　(3)位置…w　グラフ…b

5 (1)イ　(2)オ　(3)社会的責任　(4)キ

6 (1)ア　(2)環境基本法　(3)エ

━《2022　全日制課程Ｂ　理科　解答例》━━━━━━━━━━━━

1　(1)9，23，51　　(2)Ⅰ．ウ　　Ⅱ．エ

2　(1)部分…G　名称…師管　　(2)①の理由…ア　③の理由…オ　　(3)ア　　(4)ウ

3　(1)イ　　(2)ク　　(3)ウ　　(4)キ

4　(1)8.0　　(2)1.2　　(3)右グラフ　　(4)カ

5　(1)イ　　(2)エ　　(3)カ　　(4)冬至の日…エ　夏至の日…イ

6　(1)カ　　(2)0.3

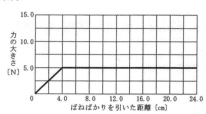

━《2022　全日制課程Ｂ　英語　解答例》━━━━━━━━━━━━

＜聞き取り検査＞

第1問　1番．ａ．誤　ｂ．正　ｃ．誤　ｄ．誤　　2番．ａ．正　ｂ．誤　ｃ．誤　ｄ．誤

　　　　3番．ａ．誤　ｂ．誤　ｃ．正　ｄ．誤

第2問　問1．ａ．誤　ｂ．誤　ｃ．誤　ｄ．正　　問2．ａ．誤　ｂ．誤　ｃ．正　ｄ．誤

＜筆記検査＞

1　①am cleaning my desk now／'m trying to make my desk cleaner than before などから1つ

　　②today is the last day for me／this is the last time to use this desk などから1つ

2　①difficult／by　　②help／learn　　③have／choose

3　(1)progressing　　(2)イ　　(3)when people understand the importance of insects　　(4)ウ　　(5)ア，オ

4　(1)ｂ．エ　　ｄ．イ　　(2)①than　②bad　　(3)エ　　(4)X．share　Y．important

━《2022　全日制課程B　国語　解説》━━━

一　(一)　「現代社会の中で生きていることばであれば、今に至るまでに必ずなんらかの変化を受け、また今も変化し続けている」「その変化とは、もとの意味・用法からの逸脱です。それを『乱れ』と呼ぶのであれば、ことばはいつも乱れています」より、筆者が言葉の変化を当たり前のことだととらえ、変わらない「ことばの正しさ」などないと思っていることがわかる。よってアが適する。

(三)　「老人」という言葉の例で、老人が何歳からかということは自然言語では決まっていないが、「その対象（人）をどう捉えようとしているか、それらに向けた視線の方向は共通で、<u>多くの人々に共有されている</u>」と述べている。よってイが適する。

(四)　第八段落の「厳密にいうためと<u>称して</u>、正しい意味を<u>壊して</u>しまってよいはずがありません」から、筆者の批判的な気持ちが読みとれるので、オが適する。　アの「楽天的」は、元の意味・用法から変化していない「ことばの正しさ」があると思ってしまう辞典読者に対して少し皮肉をこめて言っている。イの「気づいては」、ウの「深い信仰心」、エの「厳密屋さん」にも、言葉を定義できると思っている辞典読者への軽い皮肉がこめられている。

(五)　イ→オ→エ→ウ→アの順。イが、筆者の文章をもとに自分の経験を述べる導入部分になっている。イの「実感した経験」を受けているのが、オの最初の「それは」。そして、「議論は深まりませんでした」から、エで「そのとき」と続けて、議論が活発になるきっかけとなった質問を紹介している。エで、「暮らしやすい」という意味が人によって様々であったことを受けて、ウで「ことばの意味を限定し、共有することにしました」とその後の行動を述べている。アが、この経験と、本文の内容とを結びつけたまとめになっている。

二　(一)　第一段落と第二段落を参照。すべてのテクノロジーは、「<u>世界と自分をつなぐためにスタートした</u>」はずであり、その目標達成のために「『大きなシステム』を組み上げようとした」（第一段落）。しかし、「『<u>大きなシステム</u>』『大きな建築』は、人間を世界とつなぐどころか、むしろ～<u>人間と世界とを切断し、人間をそのシステムの中に閉じ込める</u>」ということに人々は気づいたのである。よって、イが適する。

(二)　筆者は、「小ささ」とは、ただ「大きな建築」を縮小するというような意味ではないと述べ、「（身近で気楽な）そんな小さな～かわいいヤツを探すときにまず考えなくてはいけないのは、<u>自分が一人で取り扱うことのできる『小さな単位』</u>を見つけることである。『小さな建築』とは、実は『小さな単位』のことなのである」と述べている。よって、「単位として適切な」とある、ウが適する。

(四)　「人間の身体がハンドルしやすいサイズ」が追求された結果、生まれた建築材料が「レンガ」であったが、筆者は「自由に重さを変えることができるレンガがあったらどんなに便利だろうか」と思っていた。そんなとき、道路工事の現場のポリタンクを見て、水を出し入れすれば重さを調整できることに気づき、「水のレンガ」として使うことを思いつく。重さが自由に変えられるため、筆者はこれを「合理的で気楽な構造システム」と言っている。

(五)　筆者は、超高層建築や巨大なハコモノ建築などの「大きな建築」に否定的である。このような建築物はコンクリートで造られていることから、「コンクリート」について、否定的であると想像できる。傍線部③の前の文でも、「そもそもコンクリートの壁は、そのような（壊してやり直すような）取り返しのつかない存在の極致であった」と否定的に述べている。また、直前の「『取り返しがつかない』ことを『強さ』と取り違えて」からも、「コンクリートでできた巣」という表現には、コンクリートを用いた建物に好んで住んでいる人たちへの、皮肉がこめられていることがわかる。

(六) エについて、「小さな建築」を筆者が目指していることは読みとれるが、「人間」全体が目指しているかどうかは、本文からわからない。また、木を用いた建築で目指したのは「点・線・面」による「さわやかな物のあり方」であり、「自然への回帰と自然保護の両立」については、本文にも参考文にも書かれていない。

四 (一) 古文で言葉の先頭にない「はひふへほ」は、「わいうえお」に直す。

(二) 【古文の内容】を参照。

(三) 「古人のし損なひし事」に気がつくとあるので、イの「現在の視点から過去のことをあれこれ考えてみると」が適する。自分のことではないので、アの「これまでの行動を振り返ってよく反省してみると」は適さない。

(四) 「昔ありし事は、必ず今もそれに似たる事あるものなれば～今日する事の考へになる事多かるべし」より、アが適する。

【古文の内容】

> ずっと昔から碁を打つのに、実際に囲碁をしている人はわからず、傍らで見ている人にはよくわかると言い伝えて、俗にいう脇目百目（わきめひゃくもく）なので、人のしたこと、過ぎ去ったことを、あとからそのことについての論評を加え、立ちかえって思案をめぐらして見れば、格別によい考えも出てくるものである。前に言ったように、昔あったことは、必ず今もそれに似たことがあるものなので、昔の人の失敗したことに気がついていれば、今日することの参考になることが多いだろう。これが歴史書を学ぶことの大きな利益である。君主の学問には、歴史書を読むことがとても必要なことだと知るべきである。

━《2022　全日制課程B　数学　解説》━

1 (1) 与式＝－3＋7＝4

(2) 与式＝$12x-16y+15y-12x=-y$

(3) 与式＝$x^2+3x-10-3x+9=x^2-1=x^2-1^2=(x+1)(x-1)$

(4) 与式＝$\{(\sqrt{5}+\sqrt{2})+(\sqrt{5}-\sqrt{2})\}\{(\sqrt{5}+\sqrt{2})-(\sqrt{5}-\sqrt{2})\}=2\sqrt{5}\times2\sqrt{2}=4\sqrt{10}$

(5) 与式より，$(2x)^2+2\times2x\times1+1^2-3x^2-9x=0$　　$4x^2+4x+1-3x^2-9x=0$

$x^2-5x+1=0$　　2次方程式の解の公式より，$x=\dfrac{-(-5)\pm\sqrt{(-5)^2-4\times1\times1}}{2\times1}=\dfrac{5\pm\sqrt{21}}{2}$

(6) 消しゴムを生徒x人に3個ずつ配ると，$x\times3=3x$(個)必要である。消しゴムはy個あり，3x個を配っても余ったから，$y>3x$が成り立つ。

(7) 玉の取り出し方は，1から9の9通りある。そのうち，6の約数が書かれた玉が出るのは，1，2，3，6の玉が出るときの4通りあるから，求める確率は，$\dfrac{4}{9}$である。

(8) 8と6の最小公倍数は24だから，できる正方形の1辺の長さは24㎝となる。

よって，たてに24÷6＝4(枚)，横に24÷8＝3(枚)並べるので，カードは4×3＝12(枚)必要である。

(9) 【解き方】2点(－3，－8)(1，4)を通る直線の式を$y=mx+n$として，m，nについての連立方程式を解く。

直線$y=mx+n$は点(－3，－8)を通るので，$-8=-3m+n$，点(1，4)を通るので，$4=m+n$が成り立つ。これらを連立方程式として解くと，m＝3，n＝1となる。

よって，Aは直線$y=3x+1$上の点でx座標が$x=3$だから，y座標は$y=3\times3+1=10$

(10) アの体積は，$1^3=1$(㎤)　　イの体積は，$\dfrac{1}{3}\times2^2\times1=\dfrac{4}{3}$(㎤)

ウは底面の半径が2÷2＝1(cm)だから，体積は，$\dfrac{1}{3}\times1^2\pi\times1=\dfrac{\pi}{3}$(㎤)

エは底面の半径が$1\div2=\dfrac{1}{2}$(cm)だから，体積は，$\left(\dfrac{1}{2}\right)^2\pi\times1=\dfrac{\pi}{4}$(㎤)

$\pi = 3.14\cdots$ だから，体積が最も大きいものはイだとわかる。

2 (1) 以下，例えば「4.4g以上4.8g未満の階級」を「4.4～4.8」とするように，数字のみで階級を表記する。

表より，1時間あたりで，合格品（4.8～5.2のねじ）を最も多く作ることができる機械は，Cの188本である。したがって，ア，イ，ウのうちウが正しい。

1時間あたりで合格品を作る割合は，Aが $\frac{114}{120} = 0.95$，Bが $\frac{144}{150} = 0.96$，Cが $\frac{188}{200} = 0.94$ なので，最も高い機械はBだから，エ，オ，カのうちオが正しい。

度数分布表から平均値を求めるときは，$\frac{\{(階級値)\times(その階級の度数)\}の合計}{(度数の合計)}$ を計算すればよいが，計算を簡単にするために，4.8～5.2の階級値の5.0gを仮の平均と考える。4.4～4.8と5.2～5.6は，それぞれの階級値が，4.6g，5.4gとなり，5.0gとの差がともに0.4gとなる。よって，平均値が5.0gより小さくなるのは，5.2～5.6の度数よりも4.4～4.8の度数の方が多い機械である。そのような機械はAだから，平均値が5.0gより小さくなる機械はAである。したがって，キ，ク，ケのうちキが正しい。

(2) **【解き方1】** AB//DC，AB＝DCだから，DとCのx座標の差はAとBのx座標の差に等しく，y座標についても同様である。

AとBはともに放物線$y = \frac{1}{2}x^2$上の点で，x座標がそれぞれ－2，4だから，y座標はそれぞれ $y = \frac{1}{2}\times(-2)^2 = 2$，$\frac{1}{2}\times4^2 = 8$ である。

A(－2，2)，B(4，8)だから，（DとCのx座標の差）＝（AとBのx座標の差）＝4－(－2)＝6，

（DとCのy座標の差）＝（AとBのy座標の差）＝8－2＝6 Dのx座標をdとすると，放物線$y = -\frac{1}{4}x^2$上の点だから，D$(d，-\frac{1}{4}d^2)$と表せるので，Cのx座標はd＋6，y座標は$-\frac{1}{4}d^2＋6$と表せる。

このCの座標を$y = -\frac{1}{4}x^2$に代入すると，$-\frac{1}{4}d^2＋6 = -\frac{1}{4}(d＋6)^2$ これを解くと，d＝－5

よって，Dのx座標は－5である。

【解き方2】 C，Dのx座標をそれぞれc，dとし，cとdの連立方程式を立てる。その際，放物線$y = ax^2$上の点で，x座標が$x = p$，$x = q$である2点を通る直線の傾きは，a(p＋q)で求めることができることを利用する。

A，Bはともに放物線$y = \frac{1}{2}x^2$上の点で，x座標がそれぞれ－2，4だから，直線ABの傾きは，$\frac{1}{2}(-2＋4) = 1$

C，Dはともに放物線$y = -\frac{1}{4}x^2$上の点だから，直線DCの傾きは，$-\frac{1}{4}(c＋d)$と表せる。

AB//DCより直線ABとDCは傾きが等しいから，$-\frac{1}{4}(c＋d) = 1$より，c＋d＝－4…①

平行四辺形の2本の対角線は互いの中点で交わるので，ACの中点とBDの中点は重なるから，x座標について，$\frac{(AとCのx座標の和)}{2} = \frac{(BとDのx座標の和)}{2}$ $\frac{-2＋c}{2} = \frac{4＋d}{2}$ －2＋c＝4＋d c－d＝6…①

①と②を連立方程式として解くと，c＝1，d＝－5となるので，Dのx座標は$x = -5$である。

(3)① **【解き方】** グラフから，右図のようなことがわかる。

⑦より，Aの面積は600cm²で，横の長さは30cmである。

㋑より，Bの面積は900－600＝300(cm²)で，横の長さは80－60＝20(cm)である。また，⑦，㋒より，AとBの間の距離は60－30＝30(cm)である。⑦～㋓までで，Aは荷物検査機に入り始めてから80cm進む。Aが100cm進むまでは

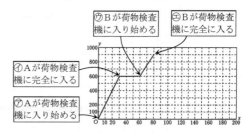

AとBが荷物検査機の中にあるから，面積の合計は900cm²となる。

Aが100＋30＝130(cm)進むと，Aが荷物検査機から出るので，面積は900－600＝300(cm²)となる。

ここから，Aが130＋30＝160(cm)進むまではBが荷物検査機内にあるので，面積は300cm²のままである。

Aが160＋20＝180（cm）進むと，Bが荷物検査機から出るので，面積は0cm²となる。

以上より，続きのグラフは，(80，900)(100，900)(130，300)(160，300)(180，0)を直線で結べばよい。

② ①より，Bが荷物検査機に完全に入っているのは，Aが80cm進んでから，Aが160cm進むまでである。

よって，求める時間は，(160－80)÷20＝4（秒間）

3 (1) 【解き方】正五角形の1つの内角の大きさは，{180°×(5－2)}÷5＝108°であることを利用する。

EGをひく。△FEGはFE＝FGの二等辺三角形だから，

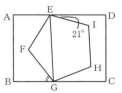

∠FEG＝∠FGE＝(180°－108°)÷2＝36°

∠GEI＝108°－36°＝72°，∠GED＝72°＋21°＝93°

平行線の錯角は等しいから，∠EGB＝∠GED＝93°　　∠FGB＝93°－36°＝57°

(2)① 【解き方】三平方の定理を用いて，BJ²→IJ，の順で求める。

CJ＝6×$\frac{1}{2}$＝3（cm）だから，△BCJについて，三平方の定理より，BJ²＝BC²＋CJ²＝6²＋3²＝45

BI＝$\frac{1}{2+1}$AB＝$\frac{1}{3}$×6＝2（cm）だから，△BIJについて，三平方の定理より，

IJ＝$\sqrt{BJ²＋BI²}$＝$\sqrt{45＋2²}$＝7（cm）

② 【解き方】立体JIBFEは，底面が台形IBFE，高さがBC＝6cmの四角すいである。

台形IBFEの面積は，$\frac{1}{2}$(2＋6)×6＝24（cm²）だから，求める体積は，$\frac{1}{3}$×24×6＝48（cm³）

(3)① 【解き方】高さの等しい三角形の面積比は底辺の長さの比に等しいことを利用する。△CBEの面積をSとして，四角形ABCDの面積をSの式で表す。

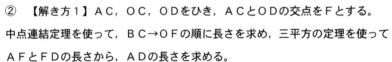

ACをひく。(四角形ABCDの面積)＝△AED－△CBEで求める。

AO＝OB＝BEだから，AE：BE＝3：1

△CAE：△CBE＝AE：BE＝3：1だから，△CAE＝3△CBE＝3S

△AED：△CAE＝DE：CE＝2：1だから，△AED＝2△CAE＝2×3S＝6S

よって，四角形ABCDの面積は，6S－S＝5Sと表せるので，△CBEの面積は，四角形ABCDの面積の

S÷5S＝$\frac{1}{5}$（倍）である。

② 【解き方1】AC，OC，ODをひき，ACとODの交点をFとする。

中点連結定理を使って，BC→OFの順に長さを求め，三平方の定理を使って

AFとFDの長さから，ADの長さを求める。

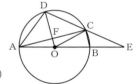

△EODについて，中点連結定理より，OD//BC，BC＝$\frac{1}{2}$OD＝$\frac{1}{2}$×4＝2（cm）

OD//BCより，△ABCについて，中点連結定理より，OF＝$\frac{1}{2}$BC＝1（cm）

ABが直径だから∠ACB＝90°で，平行線の同位角は等しいから，∠AFO＝∠ACB＝90°

三平方の定理より，AC＝$\sqrt{AB²－BC²}$＝$\sqrt{8²－2²}$＝2$\sqrt{15}$（cm）

AF＝$\frac{1}{2}$AC＝$\frac{1}{2}$×2$\sqrt{15}$＝$\sqrt{15}$（cm），FD＝OD－OF＝4－1＝3（cm），∠AFD＝90°だから，

三平方の定理より，AD＝$\sqrt{AF²＋FD²}$＝$\sqrt{(\sqrt{15})²＋3²}$＝$\sqrt{24}$＝2$\sqrt{6}$（cm）

【解き方2】AC，BD，ODをひく。円に内接する四角形において，

1つの外角はそれととなりあう内角の向かいにある内角と等しいから，

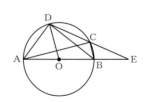

∠DAE＝∠BCEがわかる。よって，△ADE∽△CBEとなるので，

BC→CE→AD，の順で長さを求める。

△EODについて，中点連結定理より，BC＝$\frac{1}{2}$OD＝$\frac{1}{2}$×4＝2（cm）

DE＝2CEであり，△EBD∽△ECAだから，BE：CE＝DE：AEより，

4：CE＝2CE：12　　2CE²＝48　　CE²＝24　　CE＝±2$\sqrt{6}$　　CE＞0だから，CE＝2$\sqrt{6}$㎝

△ADE∽△CBEだから，AD：CB＝AE：CEより，AD：2＝12：2$\sqrt{6}$　　AD＝$\dfrac{2 \times 12}{2\sqrt{6}}$＝2$\sqrt{6}$（㎝）

《2022　全日制課程B　社会　解説》

1　(1)　イが正しい。Ⅰはエイブラハム・リンカン，Ⅱはフビライ，Ⅲはルターである。南北戦争は 1861 年，独立戦争は 1775 年のことである。中国の王朝は，宋→元→明→清→中華民国→中華人民共和国と続く。ムハンマドは，7 世紀にイスラム教を開いた人物。

　　(2)　ウが正しい。悪党は，鎌倉時代中期に現れた人々で，鎌倉幕府打倒に活躍した楠木正成も悪党と呼ばれた。アは室町時代後半(戦国時代)，イは江戸時代，エは安土桃山時代。

　　(3)　エが正しい。Ⅱ(元寇・13 世紀)→Ⅲ(宗教改革・16 世紀)→Ⅰ(南北戦争・19 世紀)

2　(1)　オが正しい。千利休は，安土桃山時代の茶人である。Aは室町時代，Bは江戸時代，Cは平安時代後半だから，C→Aとなる。

　　(2)　ウが正しい。家庭電化製品が普及したのは昭和時代，ラジオ放送が始まったのは大正時代だから，消去法で②には，「中江兆民らが…」の部分があてはまると判断するのが一般的。中江兆民は，明治時代にルソーの『社会契約論』を翻訳したことで知られる。

　　(3)　日中戦争の長期化による総力戦を遂行するために，国家総動員法はつくられた。

　　(4)　アが正しい。教育勅語は明治時代につくられた。農地改革は，農業の民主化として，自作農の土地を政府が買い上げ，小作人に安く売り渡すことで，自作農を増やす政策であった。

3　(1)　Aが正しい。文章は，「会津塗」「沿岸の原子力発電所」「東日本大震災」から福島県である。そうすれば，面積が大きい5道県のうち，2008 年から 2013 年にかけて急激に漁業従事者数が減ったAが福島県と判断できる。東日本大震災によって，福島県の漁業関係者は，廃業したり，他の地域に転出したりした人が多い。Bは長野県，Cは新潟県，Dは大阪府，Eは香川県。

　　(2)　b＝イ　　c＝ア　　水稲の作付面積が多いaは北海道(地図ウ)，製造品出荷額等が多いcは神奈川県(地図ア)，第3次産業就業者の割合が高いdは沖縄県(地図エ)と判断すれば，bは岩手県(地図イ)である。

　　(3)　エが正しい。ドーナツ化現象は，地価の高騰などによって，都市部の人口より周辺部の人口が多くなる現象。人口ピラミッドは，性別・年代別の人口または人口割合を縦に並べた帯グラフに表したもの。

4　(1)　アンデス山脈／エ　　赤道がブラジルのアマゾン川河口を通ることを知っていれば，赤道と北緯 49 度線との間隔と，赤道とCとの間隔がほぼ同じとわかるので，南緯 50 度線と判断する。

　　(2)　さとうきびが正しい。ブラジルでは，さとうきび由来のバイオエタノールを燃料とした自動車が走っている。

　　(3)　wとbを選ぶ。文章中に，「太平洋岸に位置するロサンゼルス」とあることから判断する。ロサンゼルスの気候は，年間を通じて温暖で，比較的降水量が少ない地中海性気候だから，夏に乾燥し，冬に雨が降るbを選ぶ。aは南半球の温暖湿潤気候，cは北半球の温暖湿潤気候，dは南半球の地中海性気候である。

5　(1)　イが正しい。大企業の企業数の割合は，製造業が 0.5％，卸売業が 0.7％，小売業が 0.4％，サービス業が 0.2％だから 1.0％未満である。従業者数について，中小企業の割合を見ると，製造業が 65.3％，卸売業が 72.2％，小売業が 61.6％，サービス業が 72.1％だから，小売業の割合が最も小さい。

　　(2)　オが正しい。1999 年から 2016 年にかけてのx，y，zの(事業所数，年間商品販売額)の変化を読み取ると，

xは(減少，減少)，yは(減少，変化なし)，zは(増加，変化なし)となるから，xが繊維・衣服等，yは飲食料品，zは機械器具である。

(3) ＣＳＲは，企業の社会的責任(Corporate Social Responsibility)の略称である。

(4) キが正しい。Ｘ，一般に，商品の価格が均衡価格より高いと，供給量(売りたい量)が需要量(買いたい量)を上回り，売れ残りが生じるから，誤り。Ｙ．株式や債券を発行して貸し手から資金を調達することを直接金融という。

6 (1) アが正しい。四大公害病については右表を参照。

(2) 公害対策基本法を発展させた環境基本法は，環境に関するすべての法律の最上位に位置する。

(3) エが正しい。パリ協定ではすべての参加国に削減目標を求めたことに意義がある。アは京都議定書，イは国連人間環境会議(ストックホルム会議)で採択された人間環境宣言，ウは地球サミットで採択された。気候変動枠組み条約の締約国による会議は COP と呼ばれる。

公害名	原因	発生地域
水俣病	水質汚濁 (メチル水銀)	八代海沿岸 (熊本県・鹿児島県)
新潟水俣病	水質汚濁 (メチル水銀)	阿賀野川流域 (新潟県)
イタイイタイ病	水質汚濁 (カドミウム)	神通川流域 (富山県)
四日市ぜんそく	大気汚染 (硫黄酸化物など)	四日市市 (三重県)

═══ 《2022 全日制課程Ｂ 理科 解説》 ═══

1 (1) 初期微動継続時間は震源からの距離に比例するから，Ｂにおける初期微動継続時間は$10 \times \dfrac{144}{80} = 18$(秒)である。よって，Ｂで主要動がはじまった時刻は，初期微動がはじまった時刻の18秒後の午前9時23分51秒である。

(2) 鏡に近づくと，光の入射角と反射角がともに大きくなるから，鏡にうつって見える範囲は変わらない(図ⅰ)。

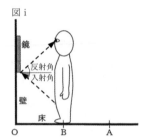

図ⅰ

2 (1) Ｈは道管で，根から吸い上げた水や養分を運ぶ。

(3) 調べたい条件だけが異なる部分の実験結果を比べればよい。光合成に光が必要かどうかは，光の有無だけが異なるＡとＣを比べればよい。また，ふ(緑色でない部分)には葉緑体がないから，光合成に葉緑体が必要かどうかは，葉緑体の有無だけが異なるＡとＤを比べればよい。

(4) 光合成を行わない動物がＸを取り込み，Ｙを出しているから，Ｘは酸素，Ｙは二酸化炭素である。植物がＸを取り込み(b)，Ｙを出す(c)はたらきは呼吸，Ｘを出し(a)，Ｙを取り込む(d)はたらきは光合成である。Ⅱでは，ＢＴＢ溶液の色が変わらなかった(中性のままだった)ことから，呼吸と光合成が同じくらい行われ，溶液中の二酸化炭素の量が変化しなかったと考えられる。Ⅲでは，光を通さないアルミニウムはくで試験管を包んだことから，呼吸のみが行われ，溶液中の二酸化炭素の量が増えたと考えられる。したがって，Ⅱではa～d，Ⅲではbとcの気体の出入りがあったと考えられる。

3 (1) fは空気調節ねじ，gはガス調節ねじである。また，それぞれのねじは，上から見て時計回り(Ｆの向き)に回すと閉じ，反時計回り(Ｇの向き)に回すと開く。

(2) 青色の塩化コバルト紙に水をつけると赤色に変わる。また，フェノールフタレイン溶液はアルカリ性で赤色になる(酸性や中性では無色透明である)。

(3) 炭酸水素ナトリウムを加熱すると，炭酸ナトリウムと二酸化炭素と水に分解する〔$2NaHCO_3 \rightarrow Na_2CO_3 + CO_2 + H_2O$〕から，Ｘは二酸化炭素である。また，酸化銀を加熱すると，銀と酸素に分解する〔$2Ag_2O \rightarrow 4Ag + O_2$〕から，Ｙは酸素である。

(4) 反応の前後で，反応に関わる物質全体の質量は変わらない(質量保存の法則)から，表より，酸化銀1.00ｇがす

べて反応すると，酸素$1.00-0.93=0.07$（g）が発生する（酸化銀1.00gに酸素0.07gが含まれる）。よって，実験3で用いた酸化銀6.00gには，$0.07\times\dfrac{6.00}{1.00}=0.42$（g）の酸素が含まれていることになり，このうち$6.00-5.86=0.14$（g）が熱分解によって出ていった，残っている酸素は$0.42-0.14=0.28$（g）である。

4 (1) ばねばかりを真上に引いていくと，ばねばかりにかかるおもりの重さが少しずつ大きくなり，ばねばかりにおもりの重さがすべてかかったあと，さらにばねばかりを真上に引くと，ばねばかりは床から離れる。よって，図2より，ばねばかりを引いた距離が8.0cmをこえるとおもりが床から離れるとわかるから，ばねばかりを16.0cm引いたとき，床からおもりの高さは$16.0-8.0=8.0$（cm）である。

(2) 図2より，おもりが床から離れたあと，ばねばかりがおもりを引く力は10.0Nである。〔仕事（J）＝力（N）×力の向きに動かした距離（m）〕，12.0cm→0.12mより，$10.0\times0.12=1.2$（J）である。

(3) おもりの重さが動滑車の左右の糸に等しく分かれてかかるから，ばねばかりの示す力の大きさが$10.0\times\dfrac{1}{2}=5.0$（N）になったとき，おもりが床から離れる。ばねばかりを引いた距離と力の大きさの関係は図2のときと同じになるから，解答例のように，ばねばかりを引いた距離が4.0cm，力の大きさが5.0Nの点で折れ曲がるグラフをかけばよい。

(4) 動滑車が2つあるから，ばねばかりの示す力の大きさが$10.0\times\dfrac{1}{2}\times\dfrac{1}{2}=2.5$（N）になったとき，つまり，図2より，ばねばかりを引いた距離が2.0cmになったときにおもりが床から離れることになる。また，おもりが床から離れたあと，おもりが持ち上がる高さは，ばねばかりを引いた距離の$\dfrac{1}{4}$になる。よって，おもりが床から離れたあと，ばねばかりを引いた距離が$24.0-2.0=22.0$（cm）になったとき，おもりの高さは$22.0\times\dfrac{1}{4}=5.5$（cm）になる。

5 (1) 太陽が南中したのは，図4のPとQのちょうど真ん中である。Pから午前8時の点までが3.8cm，午後4時の点からQまでが3.0cmだから，太陽が南中したのは，正午の点より$(3.8-3.0)\div2=0.4$（cm）左である（図ⅱ）。図4において，4.0cmが1時間だから，0.4cmは$1\times\dfrac{0.4}{4.0}=\dfrac{1}{10}$（時間）→6分である。よって，太陽が南中したのは正午の6分前の午前11時54分である。

図ⅱ
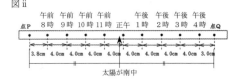

(2) 図6において，太陽の南中高度は，太陽が南中したときの点（AやB）とOを結んだ線と，Oと南を結んだ線の間にできる角の大きさである。夏至の日の日の出の位置は最も北よりになるから，BIが夏至の日の太陽の通り道であり，その南中高度は∠BOHと表せる。なお，春分の日の南中高度は∠AOHと表せる。

(3) 春分の日や秋分の日は，地球上のどこであっても，太陽は真東からのぼって真西に沈み，昼と夜の時間がほぼ同じになる。なお，赤道上での太陽の通り道を図6のように表した場合，どの日においてもHIに対して垂直になるため，春分の日や秋分の日の太陽の南中高度は$90°$となる。

(4) 太陽は真北の空を通らないから，ア，ウ，オのように，真南に棒の影ができることはない。また，一日の中では太陽が真南にきたときの高度が最も高くなり，真北にできる影の長さが最も短くなるから，カのようになることはない。イとエのうち，冬至の日と夏至の日では，冬至の日の方が南中高度が低いから，真北にできる影の長さが長いエが冬至の日，真北にできる影の長さが短いイが夏至の日の記録である。

6 (1) 図のような装置で化学電池をつくるには，イオンへのなりやすさが異なる2種類の金属板と電解質の水溶液が必要である。塩酸の溶質である塩化水素は水に溶けると水素イオンと塩化物イオンに電離する〔$HCl→H^++Cl^-$〕。銅と亜鉛では，亜鉛の方がイオンになりやすいので，亜鉛は電子を放出して亜鉛イオンになって水溶液中にとけ出す〔$Zn→Zn^{2+}+2e^-$〕。このとき放出された電子は導線を通って銅板に移動し，水溶液中の水素イオンが電子を受け取って水素原子となり，それが2つ結びついて水素分子となる〔$2H^++2e^-→H_2$〕。

(2) Aさん以外の15人分のaからcまでの時間の和が4.9秒である。信号が伝わる神経の長さは，1人あたり$0.8\times$

$2＝1.6(m)$だから，15人では$1.6×15＝24(m)$である。信号が神経を伝わる速さは60m/秒だから，15人分のａとｃの時間の和は$24÷60＝0.4$(秒)である。よって，15人分のｂの時間の和は$4.9－0.4＝4.5$(秒)だから，1人あたり$4.5÷15＝0.3$(秒)である。

━《2022 全日制課程Ｂ 英語 解説》━

＜聞き取り検査＞

第1問

1番 問い「ベンは次に何と言いますか?」…ジェーン「ベン，あなたの町について教えて」→ベン「わかったよ，ジェーン。高層ビルやショッピングモールはないけど，素敵な国立公園があるよ」→ジェーン「あなたは自分の町が好きなのね?」の流れより，ｂ「うん。その公園は美しいよ」が正しい。

2番 問い「エレンは次に何と言いますか?」…クリス「もしもし。クリスです。スティーブはいますか?」→エレン「もしもし，クリス。スティーブの妹のエレンです。兄は家にいません。あなたに電話するように言っておきます」→クリス「ありがとう。彼はいつ家に帰ってきますか?」の流れより，ａ「彼は数時間後に戻ってきます」が正しい。

3番 問い「この対話について正しいのはどれですか?」…メアリー「明日の予定は，ブライアン?」→ブライアン「えっとね，メアリー，僕は数学のテスト勉強をし，叔母の買い物を手伝って，それからインターネット上のチャリティーイベントに参加するよ」→メアリー「計画を変えて，私の宿題を手伝ってくれない?」→ブライアン「もちろんだよ。チャリティーイベントは来週参加するよ」より，ｃ「ブライアンは明日の予定を変えるつもりです」が正しい。

第2問 【放送文の要約】参照。

問1 問い「このスピーチに最適なタイトルはどれですか?」…ｄ「私の素晴らしい体験」が正しい。

問2 問い「ケイトはその日に何をしましたか?」…ｃ「彼女は星空のもと，外で夕食をとりました」が正しい。

【放送文の要約】

こんにちは，ケイトです。去年の春，家族と一緒にキャンプに行きました。森や山を散歩して楽しみました。私は美しい花，木，そして鳥を見ました。夜は少し怖いと言う人もいます。でも，問2ｃ明るい星空のもと，外で夕食を食べるのは本当に楽しかったです。その夜，私は夜更かしして，たくさん話をしました。問1ｄ素晴らしい体験をしました!ありがとうございました。

＜筆記検査＞

1 ① Ａ「何をしているの?」に対して机を掃除していることを伝える文にする。desk を使うこと。現在進行形〈be動詞＋ ～ing〉で答えること。(例文1)「私は今，机を掃除しているの」(例文2)「私は机を以前よりもきれいにしようとしているの」 「～しようとする」＝try to ～ 「(もの)を(状態)にする」＝make＋もの＋状態

② 直後の「私は明日日本に戻る予定なの」より，今日が最後であることを伝える文にする。last を使うこと。(例文1)「今日が最終日なの」(例文2)「この机を使うのもこれが最後だからよ」 「最終日」＝the last day

2 ① 直後の1文「ホストファミリーの家の近くに電車の駅がいくつかあるから，便利だよ」より，「電車で旅行するのは難しくない」という文にする。〈it is…to～〉「～するのは…だ」の否定文にする。「電車で」＝by train

② 直後の1文「彼らのおかげで，僕はたくさんの日本語を理解し，ここでの生活を楽しんでいるんだ」より，「彼らが日本語を学ぶのを助けてくれる」という文にする。「(人)が～するのを助ける」＝help＋人＋動詞の原形を使う。

③ 直前の1文「僕はそれ(制服)が好きだし，制服は時間を節約できると思う」より，「毎朝服を選ぶ必要がない」という文にする。「～する必要がない」＝don't have to ～ 「服を選ぶ」＝choose clothes

3 【本文の要約】参照。

(1) progress「進歩する」を入れる。直前に be 動詞の are があるので，〈be 動詞＋〜ing〉「〜している」の現在進行形にする。contact「接触する」，imagine「想像する」，drop「落とす」，save「救う」は不適当。

(2) 昆虫がいないと他の生物が困るので，イが適当。　　・the number of 〜「〜の数」

(3) 接続詞の when で２つの文をつなぐ。　　・the importance of 〜「〜の重要性」

(4) 第４段落３〜９行目より，ウ「大阪のデパートがミツバチと環境について人々に伝えています」が適当。
ア「大阪のデパートが公園の庭を育てています」，イ「大阪のデパートが鳥や動物にえさを与えています」，エ「大阪のデパートが人々に花粉の作り方を教えています」は不適当。

(5) ア○「地球上のすでに知られているすべての種の 60%以上が昆虫です」　イ「×ある種の昆虫を救うために，植物には多くの化学物質が使われています」　ウ「昆虫の個体数が変化する理由は×たった１つだけです」
エ「昆虫は環境にとっても人間にとっても×重要ではありません」　オ○「昆虫の数が減り続ければ，動植物も減るでしょう」　カ「科学者たちは，昆虫の問題を×理解するために協力しています」

【本文の要約】

　世界は自然に満ちたとても素晴らしくて面白い場所です。植物や動物は生態系の中で重要な役割があります。小さな虫でさえもそれぞれ役割があります。(5)ア地球上ですでに知られているすべての種の 60%以上が昆虫であることを知っていますか？それは真実です。

　多くの研究(A)は進歩しており（＝are progressing），科学者は結果について心配しています。ドイツでの研究によると，飛ぶ昆虫の 75%以上が減少しています。大気汚染，水質汚染，土壌汚染，植物を守るための大量の化学物質など，多くの理由があります。

　果物や野菜をたくさん食べるので，私たちにとって害のある昆虫もいます。しかし，他のものは私たちにとって有益です。実際，彼らは地球上のほとんどの植物の受粉を行います。(5)オ昆虫の数が減れば，植物の数も減ります。また，これらの昆虫の多くが鳥や他の動物のえさとなっています。食べ物がなければこれらの鳥や動物はどうするのでしょうか？彼らは生き残ることができません。昆虫は小さいですが，①イ昆虫の数の減少は大きな問題です。

　この問題はどうすれば解決できるでしょうか？この問題を解決するために取り組んでいる人もいます。彼らは，人々が昆虫の重要性に気付いたとき，この問題は解決できると言っています。人類にとって昆虫は必要なのです。日本の大阪にあるデパートはその一例です。 2020 年に建物の屋上で約５万匹のミツバチを飼育し始めました。ミツバチはデパート周辺の花を探し，花から花粉を集めます。ミツバチは花粉を集めるときに花から花へと移動します。これは授粉に役立ちます。現地の植物の中には，ミツバチのおかげで成長できるものもありますし，ミツバチは巣箱ではちみつを作ることができます。デパートは顧客にミツバチを見せ，はちみつを販売しています。彼らの目的は，地元の人々にミツバチと環境の重要性を伝えることです。

　別の好例があります。大都市の高校の生徒たちも，ミツバチの大切さを他の人と共有したいという思いから，ミツバチの世話をしています。生徒たちは人間と自然の重要な関係を学びました。彼らは絵本を作りました。それで，子どもたちは本から関係を学ぶことができます。ますます多くの人々が深刻な問題を理解し始めており，科学者たちは行動を起こすために協力しています。昆虫は私たちにとって有益です。私たちは何ができるでしょう？他の例から学び，より多くの昆虫を育て，植物を増やすことができます。それでは，環境を守るために互いに助け合うことを続けていきましょう！

4 【本文の要約】参照。

(2)① 直前に more convenient があるので，比較の文と判断する。than が入る。　　② スマートフォンを使用する際の良い点と悪い点があり，最初に良い点について話したので，次は悪い点（＝bad point）である。

(3)　・make＋人＋状態「(人)を(状態)にする」

(4)　【智のスピーチ原稿の要約】参照。

Ｘ．アマンダの５回目の発言の３文目 <u>Sharing</u> information with classmates and teachers is easy. より，動詞の share を入れる。　　Ｙ．智の最後の発言を〈it is…for＋人＋to～〉「(人)にとって～するのは…だ」の文に書き換える。important を入れる。

【本文の要約】

智　　　：やあ，アマンダ。僕は自分のレポートをやっているよ。いくつか質問をしてもいい？

アマンダ：[a]ゥもちろん。何についてのレポート？

智　　　：スマートフォンだよ。

アマンダ：[b]ェ面白そうね。多くの人が日常生活でスマートフォンを使うことはわかるわ。

智　　　：うん，今日，スマートフォンはとても人気があるよ。現在，高校生の中には教室でスマートフォンを使用できる生徒もいるよ。この題材は面白いと思うんだ。それについてどう思う？

アマンダ：そうね，良い点も悪い点もあると思うわ。

智　　　：[c]ァそうだね。まず良い点について知りたいな。

アマンダ：最近，ほとんどの高校生はスマートフォンを持っている。彼らは簡単にインターネットにアクセスできるわ。生徒が教室でスマートフォンを使用できる場合，彼らの学校生活は以前①よりも(＝than)便利になるわ。

智　　　：君の言いたいことがわからないよ。例を挙げてくれない？

アマンダ：いいわよ！例えば，生徒はネットサーフィンをして，教室での活動をより効率よく行うことができるわ。クラスメートや教師と情報を共有するのは簡単よ。スマートフォンでインターネットを利用するのが最速よ。

智　　　：[d]ィなるほど。生徒はスマートフォンを使って他に何ができるの？

アマンダ：そうね，学生はさまざまな話題に関する動画を検索して見ることができるわ。計算機として，または教室でメモを取るためにも使用できるわ。スマートフォンは勉強に役立つのではないかしら。

智　　　：それじゃあ，②悪い(＝bad)点についてどう思う？

アマンダ：スマートフォンを使うと，生徒の集中が途切れやすいと思うわ。ゲームをしたり，学校の活動に関係ない色々なことをしたりする。生徒がスマートフォンを適切に使用できないなら，教室で多くの問題が発生するでしょうね。この状況はＡェ他の人を不快にさせるわ(＝make other people uncomfortable)。

智　　　：[e]ォ意見を聞かせてくれてありがとう。大いに役立ったよ。君が何を考えているかわかるよ。スマートフォンの適切な使い方を知っておくべきだね。

アマンダ：どういたしまして。それを聞いてうれしいわ。

【智のスピーチ原稿の要約】
高校でスマートフォンを使うこと

　私は高校でのスマートフォンの使用について話したいと思います。教室でスマートフォンを使用できる高校生がいます。私は，この話題に興味があります。それで，アマンダに意見を求めることにしました。

　彼女によると，良い点と悪い点の両方があります。生徒はインターネットからより多くの情報を見つけることができます。彼らはクラスメートや教師と簡単に情報ｘを共有する(＝share)こともできます。ただし，集中が途切れると，ゲームをし始める可能性があります。

　私は彼女の意見から学びました。スマートフォンを適切に使うことがｙ大切だ(＝important)と思います。ありがとうございました。

■ ご使用にあたってのお願い・ご注意

（1）問題文等の非掲載

　著作権上の都合により，問題文や図表などの一部を掲載できない場合があります。

　誠に申し訳ございませんが，ご了承くださいますようお願いいたします。

（2）過去問における時事性

　過去問題集は，学習指導要領の改訂や社会状況の変化，新たな発見などにより，現在とは異なる表記や解説になっている場合があります。過去問の特性上，出題当時のままで出版していますので，あらかじめご了承ください。

（3）配点

　学校等から配点が公表されている場合は，記載しています。公表されていない場合は，記載していません。

　独自の予想配点は，出題者の意図と異なる場合があり，お客様が学習するうえで誤った判断をしてしまう恐れがあるため記載していません。

（4）無断複製等の禁止

　購入された個人のお客様が，ご家庭でご自身またはご家族の学習のためにコピーをすることは可能ですが，それ以外の目的でコピー，スキャン，転載（ブログ，ＳＮＳなどでの公開を含みます）などをすることは法律により禁止されています。学校や学習塾などで，児童生徒のためにコピーをして使用することも法律により禁止されています。

　ご不明な点や，違法な疑いのある行為を確認された場合は，弊社までご連絡ください。

（5）けがに注意

　この問題集は針を外して使用します。針を外すときは，けがをしないように注意してください。また，表紙カバーや問題用紙の端で手指を傷つけないように十分注意してください。

（6）正誤

　制作には万全を期しておりますが，万が一誤りなどがございましたら，弊社までご連絡ください。

　なお，誤りが判明した場合は，弊社ウェブサイトの「ご購入者様のページ」に掲載しておりますので，そちらもご確認ください。

■ お問い合わせ

　解答例，解説，印刷，製本など，問題集発行におけるすべての責任は弊社にあります。

　ご不明な点がございましたら，弊社ウェブサイトの「お問い合わせ」フォームよりご連絡ください。迅速に対応いたしますが，営業日の都合で回答に数日を要する場合があります。

　ご入力いただいたメールアドレス宛に自動返信メールをお送りしています。自動返信メールが届かない場合は，「よくある質問」の「メールの問い合わせに対し返信がありません。」の項目をご確認ください。

　また弊社営業日（平日）は，午前9時から午後5時まで，電話でのお問い合わせも受け付けています。

―― 2025 春

株式会社教英出版

〒422-8054　静岡県静岡市駿河区南安倍3丁目12-28

TEL　054-288-2131　　FAX　054-288-2133

URL　https://kyoei-syuppan.net/

MAIL　siteform@kyoei-syuppan.net